lavallière

L'ALCADE DE MOLORIDO,

COMÉDIE

EN CINQ ACTES ET EN PROSE,

Représentée pour la première fois sur le Théâtre de
S. M. l'Impératrice et Reine, à l'Odéon, le jeudi
18 janvier 1810.

Par L. B. PICARD, de l'Institut.

Solemus mala domus nostræ scire novissimi, ac
liberorum ac conjugum vitia, vicinis canentibus,
ignorare.

EPIST. B. HIERONIMI ad *Sabinianum.*

Prix, 1 f. 50 c.

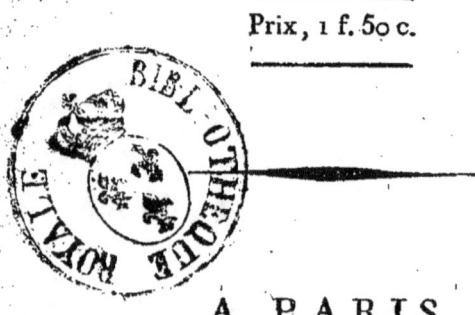

A PARIS,

Chez MARTINET, Libraire, rue du Coq
nos 13 et 15.

IMPRIMERIE DE CHAIGNIEAU AÎNÉ.
1810.

yth 356

PERSONNAGES.	ACTEURS.
GRÉGORIO FEXADO, alcade de Molorido.	M. CHAZEL.
EUGÉNIO, son fils, écolier de Salamanque.	M. FIRMIN.
Don ANDRÉ DE CARAVAJAL, officier espagnol.	M. LEBORNE.
TÉNORIO, secrétaire-inspecteur de l'alcade.	M. PERROUD.
RIFADOR, greffier.	M. FUSIL.
NUNÈS RETORTILLO, alguasil major.	M. WALVILLE.
JUAN, valet de l'alcade.	M. ARMAND.
THÉRÉSINA, femme de l'alcade.	Mme MOLÉ
FRANCISCA, nièce de l'alcade.	Mme FLEURY.
Dona ANTONIA, jeune veuve.	Mme DELISLE.
CATALINA, hotesse.	Mme REGNIER.

La Scène est à Molorido, bourg aux environs de Salamanque, chez l'alcade.

Le Théâtre représente un Salon; trois portes dans le fond. Les deux portes de côtés vitrées et garnies de rideaux; deux autres portes aux premières coulisses, l'une à droite, l'autre à gauche; deux armoires en forme de bibliothèques.

L'ALCADE DE MOLORIDO,

COMÉDIE.

~~~~~~~~~~~~~~~~~~~~~~~~~~~~~~~~~~~

ACTE PREMIER.

Au lever du rideau on voit Grégorio assis dans un grand fauteuil. Rifador assis près d'un bureau garni de cartons, papiers, plumes, etc. Tenorio debout, à la gauche de l'alcade, faisant son rapport; Nunès se promenant dans le fond du Théâtre.

SCÈNE PREMIÈRE.

RIFADOR, GRÉGORIO, TENORIO, NUNÈS.

TENORIO, *dictant à Rifador.*

Et c'est à cause de la conduite de sa femme que le notaire a pris un bossu pour maître-clerc.

RIFADOR, *écrivant.*

Bossu pour maître-clerc.

GRÉGORIO, *prenant du tabac.*

Fort bien; c'est une belle place que celle d'alcade de Molorido, jolie petite ville aux environs de Salamanque. Grace à mes soins, la police y est aussi bien faite qu'à Madrid; mon administration est composée d'un greffier, l'honnête Rifador mon ami; un secrétaire-inspecteur, le vigilant Ténorio; et de trois alguasils commandés par le brave Nunès Rétortillo. C'est peu de monde; mais moi je me multiplie pour le bien public; je suis tout-à-la-fois le juge et le père de mes administrés; je sais ce qui se passe dans tous les ménages; pas un secret de famille ne m'échappe. J'ai établi les choses sur un si bon pied, qu'il ne peut pas tomber une tuile dans la rue que je n'en sois instruit. Ai-je tort de me croire capable d'être corrégidor au moins de Salamanque? Continue ton rapport Ténorio; que s'est-il passé dans la boutique d'Apuntador le pharmacien?

TÉNORIO.

Pendant qu'il préparait je ne sais quelle drogue dans son laboratoire, le jeune médecin Churchillo, qui venait de la lui ordonner, glissait un billet doux à sa femme.

GRÉGORIO.

Ecrivez. Quelles mœurs! pauvres maris de Molorido! on y est honnête et doux; mais l'esprit de galanterie y est furieusement répandu. Heureusement, j'en ai sauvé ma famille; la senora Théresina, ma femme, est un trésor de vertu, la jeune Francisca, ma nièce et ma pupille, un phénix d'innocence, et mon fils Eugénio est un modèle pour tous les écoliers de Salamanque.

RIFADOR.

Ma fille Béatrix mérite aussi d'être exceptée; je l'ai mise au couvent; mais quand elle en sort, pour passer quelques jours chez moi, elle ne paraît nulle part sans voile. Point de bals, point de promenades.

GRÉGORIO.

Oh, je ne suis point l'ennemi des plaisirs honnêtes. J'en prendrais volontiers ma part, sans la dignité de ma place; mais comme la décence ne me permet pas d'en jouir, il est tout naturel que ma femme et ma nièce s'en privent. Après, Ténorio.

TENORIO.

Deux inconnus se sont permis, dans le café de la grande place, des propos sur vous, sur votre greffier et sur moi

GRÉGORIO.

Ah! ah! que disaient-ils de moi, ces honnêtes gens ?

TENORIO.

Que vous êtes sévère, intègre et clairvoyant, qu'il n'y a rien à faire pour les intrigans dans la ville que vous administrez.

GRÉGORIO.

Ils ne manquent point d'esprit ces gens là !

RIFADOR.

Et de moi, ils disaient ?....

TENORIO.

Que vous êtes méchant, sournois, vindicatif, ennemi des plaisirs et des beaux-arts, que vous affectez d'être l'ami du seigneur Grégorio Fexado ; mais qu'en effet vous visez à lui souffler sa place, vous enragez de n'être que son greffier, et vous tramez des complots contre l'alcade, avec le vaillant Nunès.

RIFADOR.

Les insolens.

NUNÈS.

Point de propos, seigneur Ténorio.

TENORIO.

Ils ne m'ont pas plus épargné que vous. Ils disaient que je suis un garçon de mérite, adroit, effronté, qui, après avoir été maître de guitare, tauréador et bohémien, suis venu m'établir à Molorido, pour subjuguer et tromper M. Grégorio. Je méprise leurs calomnies, j'aime et j'honore le seigneur alcade, je me sens une véritable tendresse pour son greffier, et je fais mon métier en bon homme. Du reste, la ville est parfaitement éclairée, toutes les boutiques sont fermées à l'heure de l'ordonnance. Il y a ce soir à la redoute un grand bal paré et masqué, où toute la ville doit se rendre ; j'y serai.

GRÉGORIO.

Fermez votre procès-verbal, la séance est terminée. (*Il se lève.*) Faut-il que je vous ouvre mon cœur, mes amis ? je me glorifie certainement qu'il n'y ait ni mendians, ni filoux, ni vagabonds à Molorido; mais croiriez-vous qu'il y a des momens où j'en suis presque fâché. Comment il ne nous arrivera pas quelque évènement d'éclat, quelque beau procès criminel qui donne l'essor à nos talens, et nous offre les occasions de nous distinguer.

TENORIO.

Patience, seigneur alcade.

GRÉGORIO.

Vous passerez donc, Ténorio, dès ce soir même, chez cette dame étrangère, logée depuis quelque temps à l'auberge de la Fontaine d'or. Vous dites qu'elle se fait nommer...?

TENORIO.

Dona Antonia.

GRÉGORIO.

Vous lui direz que le premier magistrat de la ville desirerait avoir un entretien avec elle. On parle de plusieurs jeunes gens qui la suivent dès qu'elle sort, et sont prêts à faire des folies pour la belle étrangère. Si elle vous paraît une personne comme il faut, je me transporterai chez elle; si vous jugez qu'elle ne soit qu'une aventurière, amenez-la moi; mais beaucoup d'égards, infiniment de politesse, c'est ce que je vous recommande. Ne manquez pas de vous trouver ce soir à l'ordre, seigneur alguasil. Ténorio, va-t-en dire à ma femme et à ma nièce, qu'elles peuvent se présenter devant moi.

TENORIO, à Nunès.

Sans adieu, brave Nunès.

NUNÈS.

Il a toujours l'air de se moquer de moi.

(Ils sortent chacun d'un côté.

SCÈNE II.

RIFADOR, GREGORIO.

GREGORIO.

Parlons d'affaires de famille. Si bien donc mon cher Rifador, que les charmes de ma nièce ont fait sur vous une profonde impression.

RIFADOR.

C'est une témérité bien grande à moi, simple greffier, d'oser lever les yeux sur la nièce d'un alcade ; mais l'amour, le tendre amour.. Je suis veuf, je n'ai pas encore quarante-cinq ans ; le ciel qui vous a prodigué tant de talens, ne vous a pas également favorisé du côté de la fortune, et s'il était possible que la mienne vous fit oublier la distance de nos rangs......

GREGORIO.

Je suis modeste et généreux ; je ne pense pas à mon rang, ce n'est point votre fortune qui me décide, je vous donne ma nièce parce que je vous crois fait pour la rendre heureuse.

RIFADOR.

Ce n'est pas tout : j'ai lu dans l'ame de ma fille Béatrix ; elle n'a pu rester insensible aux soins de votre fils Eugénio.

GREGORIO.

Croyez-vous que cela me soit échappé ?

RIFADOR.

Je compte laisser encore quelque temps ma fille au couvent ; votre fils, qui est venu passer quelques jours avec vous, doit retourner bientôt à Salamanque ; ses études seront finies dans six mois.

GREGORIO.

Votre mariage tout de suite, celui de votre fille et de mon fils dans six mois.

(8)

RIFADOR.

Quel inconvénient trouveriez-vous à faire part de nos projets à votre famille ?

GREGORIO.

Aucun ; justement j'attends ma femme.

RIFADOR.

Toujours avec ce Ténorio ! Défiez-vous de cet Andaloux.

GREGORIO.

Il ne me trompera pas ; j'ai le coup-d'œil de l'aigle, mon ami ; il m'est tout dévoué ; nous pouvons nous expli-quer devant lui.

SCÈNE III.

RIFADOR, FRANCISCA, THERESINA, GREGORIO, TENORIO.

THERESINA.

Je vous salue, mon cher époux.

FRANCISCA.

Bon soir, mon oncle.

GREGORIO.

Ma chère femme, ma chère nièce, il est temps de vous faire part d'un projet que mon ami Rifador et moi avons formé pour votre bonheur ; mais je voudrais que mon fils fût présent.

FRANCISCA.

Le voici.

SCÈNE IV.

RIFADOR, FRANCISCA, THERESINA, GREGORIO, EUGENIO, TENORIO.

EUGENIO.

Mon père, il faut que je retourne à Salamanque.

THERESINA.

Déja, mon fils !

EUGENIO.

J'étais venu pour vous souhaiter votre fête; voilà quinze jours que j'ai quitté mes professeurs, il faut que je retourne auprès d'eux.

GREGORIO.

Eh bien, mon cher Rifador, vous l'entendez ! quelle ardeur de s'instruire ! Et quand je pense à la réserve dans laquelle ma femme élève sa nièce.....

THERESINA.

Ne m'en faites pas un mérite; mon devoir, ma tendresse pour elle, mon desir de vous plaire.... Ah ! cher Grégorio, il y a un an à pareille époque, nous n'étions pas si tranquilles; vous sortiez à peine de cette grande maladie....

GREGORIO.

C'est vrai; mois bien remarquable : j'y suis né, ma fête s'y trouve, et j'y ai recouvré la santé. Mes enfans, je vous marie.

FRANCISCA.

Moi, mon oncle?

GREGORIO.

Toi, ma chère, au seigneur Rifador; et ton cousin à sa fille, l'aimable Béatrix.

RIFADOR.

Puis-je me flatter, charmante Francisca...?

FRANCISCA.

Si mon oncle l'ordonne....

RIFADOR.

Douce réponse.

EUGENIO.

Mais ne suis-je pas encore bien jeune ?...

GREGORIO.

Aussi je marie ta cousine dans quelques jours, et toi dans six mois. (*A sa femme.*) J'espère, ma chère amie, que vous approuvéz cette double union.

THERESINA

Puis-je avoir d'autres volontés que les vôtres?

GREGORIO.

Fort bien. (*Il appelle.*) Juan. Je me sens la tête fatiguée du travail ; je vais, pour prendre l'air, vous accompagner jusque chez vous, mon cher Rifador. (*Il appelle.*) Juan.

SCÈNE V.

LES MÊMES, JUAN.

GREGORIO.

Ma canne, mon chapeau, mon manteau ; il n'y a pas jusqu'à ce brave homme de domestique qui ne m'édifie par sa conduite.

TENORIO.

Oui, c'est un bon galego, un peu niais, un peu simple.

GREGORIO à *Juan, qui lui apporte sa canne, son chapeau et son manteau.*

Souviens-toi bien, Juan, du serment que tu m'as fait par le grand S. Jacques de Galice, de n'avoir ni femme, ni maîtresse ; je ne veux ni ménage, ni libertinage dans ma maison.

JUAN.

Ah ! monsieur, j'ai trop de scrupules.... (*Il sort.*)

GREGORIO.

Heureux alcade, heureux père, heureux époux !... j'ai peine à me défendre d'un certain orgueil. La régularité de mœurs de mon valet, les vertus de ma famille, le bon ordre qui règne dans la ville, et tout cela mon ouvrage ! Je ne reçois pas encore tes adieux, mon fils. (*A Rifador*) Venez, mon ami.

RIFADOR, *à Francisca.*

Ah ! mademoiselle, quel bonheur...!

FRANCISCA.

Mon oncle vous attend, monsieur.

SCÈNE VI.

FRANCISCA, THERESINA, TENORIO, EUGENIO.

THERESINA, *bas à Ténorio.*

Ma nièce et moi avons quelque chose à dire au seigneur Ténorio. (*Haut à Eugénio, qui va pour sortir.*) Tu nous quittes, mon fils.

EUGENIO.

Je rentre dans ma chambre pour achever mon porte-manteau. (*Bas à Ténorio.*) Attends moi ; dès que tu seras seul, je reviens te trouver. (*Il sort.*)

SCÈNE VII.

FRANCISCA, THERESINA, TENORIO,

FRANCISCA, *soupirant.*

Ah !

THERESINA.

Pourquoi ce soupir, mademoiselle ? Je conviens qu'il y a des gens plus aimables que le seigneur Rifador ; mais puisque votre oncle l'a choisi... Or çà, mon cher Ténorio, j'ai le plus profond respect, la plus vive tendresse pour mon mari ; mais n'est-il pas cruel qu'il tienne sa femme et sa nièce dans la retraite la plus absolue, qu'il ne nous soit permis de prendre part à aucun plaisir, à aucun divertissement.

TENORIO.

Je suis encore à concevoir comment un homme d'esprit comme M. Grégorio a pu conserver les mœurs et la jalousie des anciens Espagnols. Tout cela vient de ce méchant Rifador..... Mais j'oublie que c'est votre gendre futur, et que je ne dois pas en dire de mal.

THERESINA.

Son caractère est un peu triste ; mais la place de

M. Grégorio est plus honorable que lucrative. Rifador est riche.

TENORIO.

Vraiment ! il a été procureur, intendant, et le voilà greffier.

THERESINA.

Moi qui n'ai jamais vu de bal masqué !... quel mal y aurait-il donc d'aller à celui-ci, le rendez-vous de toute la belle société de Molorido ? ma nièce en meurt d'envie.

FRANCISCA.

Moi, ma tante.

THERESINA.

Oui, vous, mademoiselle, et moi aussi pour vous accompagner. Je me suis gardée d'en parler à M. Grégorio : il aurait refusé. Comment nous y prendre pour aller au bal à son insu ?

TENORIO.

A l'insu de l'alcade, qui sait tout, à qui je dois tout dire.

THERESINA.

Ah, si tu voulais nous seconder.... Monsieur Grégorio se retire de bonne heure; (*En soupirant.*) nous avons un appartement séparé. Dès qu'il est rentré dans sa chambre je sors de la mienne, ma nièce me joint; en t'en allant, tu nous tiens ouverte la petite porte dérobée.

TENORIO.

Je mets Juan dans votre confidence.

THERESINA.

Juan !

TENORIO.

C'est lui qui, demain matin de bonne heure, ira vous ouvrir la petite porte; il ne nous trahira pas : j'en fais ce que je veux. Moi, je ne vous vois pas au bal, et dans mon rapport à l'alcade, je parle de tout le monde, excepté de vous.

THERESINA.

Ah ! tu es un garçon charmant ! Mais remerciez donc, mademoiselle ; dites donc que c'est vous qui brûlez d'aller au bal.

FRANCISCA.

Puisque vous le voulez, ma tante.....

THERESINA.

Comment, puisque je le veux ; mais voyez comme elle répond. Je ne la reconnais plus depuis les deux mois qu'elle a passés à la campagne de ma sœur ; elle est inquiète, rêveuse. Il faut nous occuper de nos déguisemens, ils seront délicieux : deux habits de bergères d'une fraîcheur, d'une élégance ! personne ne nous reconnaîtra. Oh comme je vais m'amuser au bal ! Demain, mon cher Ténorio, je fais porter chez toi du chocolat excellent, et deux caisses de conserve de citrons de Grenade.

TENORIO.

Je vous respecte trop pour vous refuser. (*Thérésina sort avec sa nièce.*)

SCÈNE VIII.

TENORIO, EUGENIO.

EUGENIO, *sortant de sa chambre, à gauche de l'acteur.*

Ma mère est partie ; écoute, j'ai besoin de toi. J'ai déja éprouvé ton zèle ; prends cette bourse.

TENORIO, *la prenant.*

Je vous suis voué d'inclination.

EUGENIO.

Mon mariage avec la fille de Rifador ne se fera pas. Je suis amoureux d'une autre femme.

TENORIO.

Je le sais, d'une jeune étrangère arrivée presqu'en même temps que vous à Molorido, logée à l'auberge de la Fontaine d'or, qui se fait nommer doña Antonia, qui n'a pour suivante qu'une vieille duègne ; vous la suivez par-tout, dans les rues, dans les promenades; vous allez soupirer et pincer de la guitare sous ses fenêtres, couvert d'un grand manteau brun, sous lequel vous vous croyez parfaitement déguisé. Vous faites le rangé, le studieux; mais vous n'en êtes pas moins, en effet, le jeune homme le plus vif que je connaisse. Suis-je bien instruit ? Ai-je de mauvais renseignemens ? Faut-il dire tout cela à monsieur vôtre père ?

EUGENIO.

Garde-t-en bien ; mais ce que tu sais, mon père ne tarderait pas à le savoir par d'autres : c'est pour l'éviter que je veux feindre de partir cette nuit pour Salamanque. Je pars en effet, je fais le tour de la ville, je rentre par un faubourg éloigné de ce quartier; il faut que tu m'y trouves une petite chambre garnie, dans laquelle je me cache le jour, et dont je sors tous les soirs pour aller donner des sérénades à la belle Antonia.

TENORIO.

Et si je vous surprends en faisant ma ronde avec les alguasils.

EUGENIO.

Tu te tairas. Je serai masqué, déguisé; je me dis un pauvre étudiant, sollicitant la bienfaisance des ames généreuses pour acheter des livres ou continuer ma route.

TENORIO.

Et monsieur votre père qui vient de me charger précisément d'aller chez dona Antonia, de savoir quelle est cette femme.

EUGENIO.

O ciel ! aurait-il quelque soupçon ?

TENORIO.

Il ne sait rien, il ne saura rien.

EUGENIO.

Oh, cher Ténorio, s'il t'était possible de dire un mot en ma faveur à la belle Antonia....., je souffre de tromper mon père, je l'aime, je le respecte; mais il le faut.

TENORIO

Mais quel est votre but ? Cette femme est-elle digne
de vous ?

EUGENIO.

Ah ! demande plutôt si je suis digne d'elle. Je ne lui ai pas
parlé , je me suis senti tout d'un coup arrêté par la sévérité
de son regard ; mais elle m'a remarqué. Qui sait si elle ne
prend pas intérêt à moi ? Elle ne devait rester qu'une nuit
à Molorido , et voila dix jours qu'elle retarde son départ
Je lui parlerai , je me jetterai à ses pieds , je l'attendrirai,
je l'épouserai , elle n'est pas mariée , elle ne peut pas l'être,
elle ne me connait pas pour le fils de l'alcade , elle ne
peut pas savoir qui je suis. Sept heures ! ciel, elle va sortir
suivant son usage, je ne veux pas manquer l'instant de la
voir : je cours et je reviens ; sur-tout , le plus grand secret.

(*Il sort.*)

SCÈNE IX.

FRANCISCA, TENORIO.

TENORIO, *seul un instant.*

Voilà un jeune homme qui fait joliment ses études.

FRANCISCA, *entrant doucement.*

Etes-vous seul, monsieur Tenorio ?

TENORIO.

Oui, mademoiselle, mais quest-ce ? vous tremblez ?

FRANCISCA.

Ah ! monsieur Ténorio , je n'ose... je crains... , et cependant c'est à vous seul que je puis me confier.

TENORIO.

Vous aussi ! vous auriez une confidence à me faire ?

FRANCISCA.

Oh moi., quoique ma tante en dise , je me soucie fort
peu d'aller au bal ; mais....

TENORIO.

Mais....

FRANCISCA.

Je voudrais bien ne pas épouser monsieur Rifador.

TENORIO.

Je le crois bien.

FRANCISCA.

Je n'oserais jamais résister à mon oncle. J'aime mon cousin de tout mon cœur ; mais je n'ose me confier à lui. Il est si sage !

TENORIO.

Si sage !

FRANCISCA.

Vous que mon oncle est habitué à croire, et qui avez, à ce qu'on dit, tant de ressources dans l'esprit pour arriver à ce que vous voulez, ne pourriez vous donc trouver quelque moyen d'empêcher ce fatal mariage ?

TENORIO.

J'en trouverai, mademoiselle.

FRANCISCA.

Vraiment : ah ! comment reconnaître....

TENORIO.

Le bonheur de servir une aussi aimable personne, le bonheur de faire enrager mon ami Rifador, voilà ma récompense. Un méchant caractère ; une fortune acquise.... Dieu sait comment ; cinquante ans, quoiqu'il ne s'en donne que quarante-cinq.

FRANCISCA.

Oh, s'il n'avait contre lui que son âge, je saurais vaincre ma répugnance pour obéir à mon oncle, mais....

TENORIO.

Mais.... Vous en aimez un autre, peut-être.

FRANCISCA.

Non, mais à la campagne chez mon autre tante, la senora Eléonore.... il y avait un régiment en garnison dans la ville voisine, et tous les matins je voyais devant mes fenêtres un jeune officier.

TENORIO.

Voilà la date de votre mélancolie expliquée.

FRANCISCA.

Je ne connais pas sa famille, je ne sais pas son nom, je n'ai jamais osé en dire un mot à personne; mais toutes les fois que je croyais ne pouvoir être aperçue que de lui, je levais ma jalousie; il me paraissait si joyeux, si reconnaissant, que je me serais reprochée de ne pas lui donner ce contentement. A la promenade où il nous suivait je levais sans affectation ma mantille avec mon éventail, pour qu'il eût le loisir de me voir. Son régiment a changé de garnison, je suis revenue chez mon tuteur, je ne l'ai plus revu; mais j'y pense toujours. Vous voyez bien qu'on ne peut pas encore appeler cela de l'amour.

TENORIO, *à part.*

Quelle sympathie entre le cousin et la cousine. (*Haut.*) Voulez-vous suivre mon conseil, mademoiselle? n'épousez pas Rifador; mais oubliez ce jeune officier.

FRANCISCA.

Je le voudrais, que je ne pourrais y parvenir : mais je ne le veux pas. Quand je suis seule, j'éprouve tant de douceur à me rappeler ses traits.

TENORIO.

Quelle apparence que jamais vous le revoyiez.

FRANCISCA.

Oh je le reverrai, je le demande avec trop de ferveur à ma sainte patrone pour que ma prière ne soit pas exhaussée : mais je tremble que ma tante ne nous surprenne. Quel service vous m'aurez rendu, mon bon monsieur Ténorio, si je vous dois de ne pas épouser le greffier. (*Elle sort*).

TENORIO, *seul.*

Me voilà le confident de toute la famille !

2

SCÈNE X.

TENORIO, JUAN.

JUAN.

Votre serviteur, monsieur Ténorio.

TENORIO.

C'est toi, Juan? Eh bien, as-tu aussi quelque secret à me confier? Oh non, il y a long-temps que l'affaire est faite. Comment va le ménage?

JUAN.

Taisez-vous donc; si monsieur rentrait et vous entendait, je serais un homme perdu.

TENORIO.

Conviens que le seigneur Grégorio a été bien injuste d'exiger de toi par serment que tu n'aurais ni femme ni maîtresse. A ton âge, pauvre garçon! Heureusement, ton ami Ténorio était là pour te protéger, et favoriser tes amours; je ne m'en serais pas mêlé s'il n'avait été question de mariage. La senora Catalina sa femme, est une personne fort estimable, qui fait son métier de louer des chambres garnies, en femme discrète, économe et prudente.

JUAN.

J'ai beau faire : je me reproche d'avoir trompé mon maître. Je sais bien que j'ai fait une restriction mentale en prononçant mon serment. Monsieur Grégorio me prit à son service dans un moment ou je détestais toutes les femmes. J'avais été trompé si cruellement! Deux jours après, je vis la belle Catalina, adieu toute ma haine; cependant si vous ne m'aviez pas encouragé, je n'aurais pas épousé.

TENORIO.

Et moi je te dis que ton mariage à l'insu de ton maître est un petit péché si mince, si mince, qu'il ne peut t'empêcher d'entrer tout droit au paradis, si d'ailleurs tu te conduis bien avec ta femme.

JUAN.

Mais se conduit-elle bien avec moi? C'est cruel pour un mari délicat de ne pouvoir habiter avec sa femme.

TENORIO.

Mais moi, dont le métier est de surveiller tout le monde; je te réponds d'elle.

JUAN.

Mais qui me répond de vous?

TENORIO.

C'est de moi que tu serais jaloux?

JUAN.

Je le suis de tout le monde, monsieur Ténorio.

SCÈNE XI.

TENORIO, CATALINA, JUAN.

CATALINA.

Peut-on entrer?

TENORIO.

Eh, c'est la belle Catalina.

JUAN.

Que venez-vous faire ici? Sortez, si l'on vous voyait.... Ah Dieu!

CATALINA.

Je viens de rencontrer ton bourru d'alcade avec son greffier, et je n'ai pu résister au desir de dire un petit bon soir à mon cher mari.

TENORIO.

Ne lui parlez pas, il boude, il est jaloux.

CATALINA.

De qui?

TENORIO.

De moi.

CATALINA.

Je t'aime de tout mon cœur Juan, mais si tu veux que je sois fidèle, ne sois pas jaloux.

TENORIO.

Moi, trahir un ami ! un ami dont j'ai fait le mariage !
Par le grand saint de ton pays , j'en suis incapable.

CATALINA.

Puisque je ne peux jouir de la société de mon mari , il
faut bien que j'aie un cortejo qui m'accompagne à la promenade. Rassure-toi, mon bon Galicien ; je t'ai épousé par
inclination , parce que tu es joli garçon et que tu as un
bon caractère ; n'en change pas , et je t'aimerai toujours.

JUAN.

A la bonne heure ; mais va-t-en.

CATALINA.

Que c'est fâcheux de cacher un mariage donc on se fait
gloire ! Je trouve votre alcade plaisant de ne pas vouloir
que son valet ait une femme; il en a bien une, lui. Qu'il
vienne ; je me sens en train de lui dire toutes ses vérités.

JUAN.

Si tu t'en avises , je m'en irai si loin, si loin....

CATALINA.

Comment, tu t'en iras ?

TENORIO.

Eh calmez-vous , mes amis; n'aurez vous donc pas tout
le temps de vous disputer quand votre mariage sera public
et tranquille comme tant d'autres.

SCÈNE XII.

EUGENIO, TENORIO, JUAN, CATALINA.

EUGENIO.

Je l'ai revue plus belle que jamais. Ciel! Juan et une
femme. (*Bas à Tenorio.*) Eh bien Ténorio; m'as-tu
trouvé une chambre ?

TENORIO, *haut.*

Oui monsieur ; vous logerez chez la senora Catalina, que
voici, qui tient un hôtel garni dans le petit faubourg , et
qui de plus, est la femme de Juan, votre serviteur.

EUGENIO.

Eh quoi, Juan est marié ?

JUAN.

Mon jeune maître logé chez ma femme !

TENORIO.

Oui, malgré le serment qu'il a fait à votre père, Juan est l'époux de cette aimable personne. Oui, ton jeune maître fait semblant de partir ce soir pour Salamanque ; mais il va loger secrètement chez Catalina. Ne sois pas jaloux de lui, il adore une autre femme.

CATALINA.

Loger le fils de l'alcade à son insu !

JUAN.

Ah, mon Dieu ! J'en suis tout effrayé.

TENORIO.

Je veille a tout, je vous protège. Beaucoup d'argent à gagner, mon cher Juan.

EUGÉNIO.

Comptez sur moi, fixez le prix.

JUAN.

De l'argent à gagner.

TENORIO, *à Catalina.*

Allez vîte préparer la chambre du seigneur Eugénio. (*A Juan.*) Vas m'attendre au café de la Place. (*A Eugenio.*) Retournez auprès de votre mère ; séparons-nous.

EUGENIO.

Je m'abandonne à toi. (*Il sort.*)

JUAN.

Il a une effronterie qui me rassure. (*Il sort.*)

CATALINA.

A tantôt, mon bon petit mari. (*Elle sort.*)

SCÈNE XIII.

TENORIO, *seul.*

Vive la sagacité du seigneur alcade ; il sait les secrets
de tous les ménages ; mais il ne sait pas que sa femme
aime les bals masqués , que sa nièce rêve à un jeune
inconnu, que son fils soupire pour une dame étrangère ,
que Juan , son valet , est marié, et que moi , qui lui rends
un compte fidèle de tout ce qui se passe chez les autres ,
je me trouve entraîné par intérêt , par compassion, par
générosisté, à ne pas lui dire un mot de ce qui se passe
chez lui.

Fin du premier acte.

ACTE II.

SCÈNE PREMIÈRE.

JUAN, D. ANDRÉ.

JUAN.

Entrez, monsieur, entrez. Monsieur est un voyageur qui vient faire viser son passeport, n'est-ce pas ?

D. ANDRÉ.

Précisément.

JUAN.

Je vais avertir le seigneur alcade. Peut-on sans indiscrétion demander le nom de monsieur ?

D. ANDRÉ.

Don André de Caravajal.

JUAN.

C'est à merveille, je cours.... Monsieur va-t-il à Madrid, ou en revient-il ?

D. ANDRÉ

J'y vais.

JUAN.

Je ne sais pas pourquoi ; mais j'ai dans l'idée que monsieur est militaire.

D. ANDRÉ.

Oui.

JUAN.

Ainsi, monsieur voyage par congé ? ou peut-être a-t-il une mission de son colonel ?

D. ANDRÉ.

Vous êtes curieux, mon ami.

JUAN.

C'est vrai ; cela m'est ordonné. Le seigneur alcade m'a choisi exprès bavard et questionneur.

D. ANDRÉ.

Pour faire causer les personnes qui s'adressent à lui ?

JUAN.

C'est ma consigne.

D. ANDRÉ.

Et vous me le dites ?

JUAN.

Ah ! monsieur, quand on voit qu'on a affaire à des gens comme il faut.... (*A part.*) Quand je pense à ma femme et à toutes les confidences que Ténorio vient de me faire..., Ne vous impatientez pas, monsieur ; je cours prévenir l'alcade. (*Il sort.*)

SCÈNE II.

D. ANDRÉ, *seul.*

Pauvre sœur, te retrouverai-je à Madrid ? Mariée par nos parens au plus cruel des hommes, forcée de fuir, de te réfugier dans un couvent.... Mais enfin la mort de ton mari te rend ta liberté. Que ton exemple est bien fait pour me fortifier dans ma résolution de ne point me marier par intérêt ! Ah ! si je retrouvais cette jeune personne dont les traits m'ont frappé si vivement cet automne à ma garnison.... Allons, de la gaieté, du courage, n'envisageons que le beau côté des choses. Ma sœur sera heureuse, je retrouverai ma jeune inconnue,.... ou quelque autre qui lui ressemblera.

SCÈNE III.

JUAN, GREGORIO, D. ANDRÉ.

JUAN, *à Grégorio.*

Oui, seigneur, il est militaire, il va à Madrid, et il se nomme don André de Corojaval.

GREGORIO.

C'est bon, tu te formes ; laisse-nous. (*Juan sort.*)

(*A don Andre.*) Mille pardons de vous avoir fait attendre seigneur, il ne fallait pas vous déranger. Vous pouviez m'envoyer votre passeport.

D. ANDRÉ, *remettant son passeport.*

Trop heureux de saisir cette occasion de saluer un magistrat distingué.

GREGORIO.

Ah! distingué... Je fais de mon mieux. Comment avez-vous trouvé les routes aux environs de Molorido?

D. ANDRÉ.

Superbes.... On reconnaît à deux lieues à la ronde les soins d'un véritable administrateur.

GREGORIO.

Passeport parfaitement en règle; les yeux grands et bleus ... bouche de même ... capitaine au régiment des carabiniers, ... don André de Caravajal ... bonne famille. J'ai étudié à Alcala avec un Gusman de Caravajal.

D. ANDRÉ.

C'est mon cousin.

GREGORIO, *visant le passeport.*

Ravi d'avoir l'honneur de vous voir. Monsieur ne fait que passer à Molorido? Ne soyez point surpris de mes questions, c'est ma méthode d'interroger toutes les personnes que je rencontre; mais à moins qu'elles ne me paraissent suspectes, je leur passe de ne pas me répondre.

D. ANDRÉ.

Je n'ai aucun motif de cacher le but de mon voyage; j'ai obtenu un congé pour aller surveiller les intérêts d'une sœur dont le mari est mort il y a bientôt un an. Elle avait été si malheureuse avec lui, qu'elle fut obligée de chercher un asyle dans un couvent de Portugal, je n'ai point reçu de ses nouvelles depuis long-temps; mais j'espère la trouver à Madrid, je passerai cette nuit à Molorido, et demain je poursuis ma route.

GREGORIO.

Demain. Je suis fâché que vous ne restiez pas quelques

jours. Il ne m'appartient pas de vanter mon administration; mais vous seriez content des mœurs et du caractère de nos habitans; ils sont polis, aimables, hospitaliers, grands amateurs de fêtes et de plaisirs.

D. ANDRÉ.

C'est un goût que je partage avec eux.

GREGORIO.

C'est tout simple, à votre âge ! Nous avons ce soir un bal paré et masqué.

D. ANDRÉ.

Un bal, vous en serez?

GREGORIO.

Non. Un alcade ! Vous me direz que je pourrais me déguiser; mais jugez quel scandale, si j'étais reconnu. Ce n'est pas que nous ayons ici des gens bien habiles. Excepté moi et mon greffier, il n'y a pas grand esprit à Molorido; mais ma goutte et mon travail ! C'est une place si importante que la mienne. Au surplus, notre bal sera magnifique, et très-varié en mascarades ingénieuses.

D. ANDRÉ.

Vous augmentez mes regrets de quitter si brusquement votre ville.

GREGORIO.

Qui vous empêche d'aller cette nuit au bal ?

D. ANDRÉ.

Qu'y ferais-je? Je ne connais aucune de vos dames.

GREGORIO.

Par conséquent, aucune ne vous reconnaîtrait.

D. ANDRÉ.

Mais je n'aurai rien à leur dire. J'irai cependant. Je ne hais pas la danse, et j'aime beaucoup les jolies femmes. Si je ne dis rien, j'admirerai.

GREGORIO.

Voilà ce que c'est; mais attendez donc..... Une idée bizarre et lumineuse. Voulez-vous passer une soirée agréable ?

D. ANDRÉ.

Je n'en refuse jamais l'occasion.

GREGORIO.

Vous ne connaissez absolument personne à Molorido?

D. ANDRÉ.

Personne.

GREGORIO.

Je connais tout le monde, moi ; et je peux vous dépeindre si bien la taille, la tournure, la démarche de chacune de nos dames, que vous reconnaîtrez au premier coup-d'œil toutes celles qui ne seront pas masquées, et peut-être même celles qui seront le mieux déguisées ; vous vous habillerez en Turc, en Sauvage, comme vous voudrez.

D. ANDRÉ.

Je pourrais même ne pas mettre de masque ; on ne m'en reconnaîtrait pas davantage.

GREGORIO.

C'est vrai ; mais il faut un masque pour rendre la chose plus piquante. Je vous mets au fait de mille petites anecdotes, mille petits secrets innocens, point de méchancetés, toutefois ; les méchancetés dites au bal amènent trop souvent des catastrophes. Voyez-vous d'ici l'inquiétude, le désespoir de toutes nos belles. Mais quel est donc cet homme si bien instruit ? Comment sait-il ce qu'il sait ?

D. ANDRÉ.

Cela serait charmant.

GREGORIO.

Je mets une petite condition aux confidences que je vais vous faire. Grace à ces secrets, vous en apprendrez d'autres que je ne connais pas : c'est difficile ; mais cela se peut. Promettez-moi que demain, avant de vous mettre en route, vous viendrez me rendre compte de tout ce que vous aurez appris.

D. ANDRÉ.

Je m'y engage.

GREGORIO, *à part.*

Oh ! judicieux et toujours vigilant Grégorio ! là, faire tourner à l'avantage de ma place l'occasion d'un voyageur qui passe dans la ville.

D. ANDRÉ, *à part.*

Qui sait si parmi les beautés de Molorido.... (*Haut.*) Je cherche depuis si long-temps une femme qui me convienne ; non pour la fortune, j'en ai assez ; mais pour l'esprit, le caractère....

GREGORIO.

Eh ! eh, s'il allait résulter de votre apparition au bal... amour, passion, mariage. Ne perdons pas de temps, commençons notre revue....

D. ANDRÉ.

Par votre femme, seigneur alcade. Vous êtes marié ?

GREGORIO.

Oui, monsieur ; et j'ai un fils, qui fait ma gloire et mon bonheur. De plus, je suis le tuteur d'une nièce charmante. Mais ni ma femme ni ma nièce ne seront au bal : ce sont des personnes sages, discrètes.... Hors sa passion pour moi, ma femme est d'une froideur, d'une insensibilité ; cela me contrarie quelquefois ; mais les autres ! Ah ! nous avons des coquettes, et des femmes sensibles... en quantité. Par exemple : la nièce du doyen, petite, grasse, grasseyant et sentimentale ; la fille du vieil avocat, grande, maigre, une voix d'homme, un cœur tendre.... ; la cousine du parfumeur....

SCENE IV.

JUAN, GREGORIO, D. ANDRE.

JUAN.

Monsieur.

GREGORIO.

Qu'est-ce ?

JUAN.

Ténorio est là avec une jeune dame et une espèce de duègne.

GREGORIO.

Fais entrer dans cette salle, je reviens dans l'instant. Passons dans mon appartement, nous y serons plus à l'abri des importuns.

D. ANDRÉ.

Une jeune dame ! serait-ce une de celles que je dois inquiéter au bal ?

GREGORIO.

Non, c'est une certaine étrangère que, faute de grandes affaires, je suis bien aise d'interroger pour me tenir en haleine.

D. ANDRÉ.

Je voudrais bien la voir.

GREGORIO.

Non pas, s'il vous plaît ; de la discrétion.

D. ANDRÉ.

Envers moi, à qui vous allez révéler toutes les anec-dotes ...

GREGORIO.

C'est bien différent. Que vais-je vous dire ? des misères, des bagatelles.... Mais cette dame qui se cache à tous les yeux.... Qui sait s'il ne s'agit pas de la fortune, de la vie, de l'honneur.... Venez, vous aurez bien d'autres belles à voir à Molorido.

D. ANDRÉ.

Je brûle d'avoir le signalement de toutes vos dames. (*Ils entrent dans le cabinet de Grégorio.*)

SCÈNE V.

JUAN, *seul.*

Entrez, entrez, madame..... Je pense toujours a ma femme..... Celle de l'alcade qui va au bal à l'insu de son mari ! Pourvu que ce damné Rifador ne parvienne pas à découvrir toutes nos intrigues. Entrez donc, seigneur Ténorio.

SCÈNE VI.

JUAN, DONA ANTONIA, TENORIO.

TENORIO.
Ne vous inquiétez pas de votre gouvernante, madame ; la voilà déja occupée de son rosaire.

JUAN.
Le seigneur alcade est à vous tout-à-l'heure.

TENORIO, *avançant un fauteuil.*
Donnez-vous donc la peine de vous asseoir.

DONA ANTONIA.
Il est assez singulier que votre alcade se permette de faire venir les étrangers qui n'ont point affaire à lui.

JUAN.
Quand on n'a point affaire à lui, il faut qu'il ait affaire à vous.

TENORIO.
Remarquez, je vous prie, qu'il se bornait à vous demander la permission d'aller vous voir.

DONA ANTONIA.
J'ai préféré venir le trouver.

JUAN.
Oh! quand madame ne serait venue que demain....

DONA ANTONIA.
Je n'aime point à remettre au lendemain ce que je peux faire à l'instant ; c'est dans mon caractère.

DON JUAN.

Ce n'est pas le mien : j'aime tant à me reposer. J'ai toujours envie de dormir.

TÉNORIO.

Allons, laisse-nous.

JUAN, *bas à Ténorio.*

Voilà une belle personne, monsieur Ténorio.

TÉNORIO, *bas à Juan.*

Je dirai à ta femme que tu t'avises de remarquer la beauté des autres.

JUAN, *de même.*

Ne parlez donc pas de ma femme dans cette maison, vous me faites trembler. (*Il sort.*)

SCÈNE VII.

DONA ANTONIA, TENORIO.

DONA ANTONIA.

Que me veut-on ?

TÉNORIO.

J'ai trop de preuves de la courtoisie du seigneur alcade pour ne pas être persuadé que vous serez contente de lui.

DONA ANTONIA.

Je n'ai de compte à rendre de ma conduite à personne ; je ne demande de service à personne.

TÉNORIO.

Enfin, madame, vous ne pouvez nier que plusieurs jeunes gens de la ville ont fait des tentatives pour parvenir à vous plaire....

DONA ANTONIA.

Suis-je responsable des démarches de vos jeunes étourdis ?

TÉNORIO.

Qu'il y en a un sur-tout qui semble épier le moment où vous sortez pour vous suivre, qui passe les journées en contemplation devant vos fenêtres.

(32)

DONA ANTONIA.

Au moins, celui-là a-t-il de la discrétion.

TENORIO.

Vous l'avez donc remarqué ?

DONA ANTONIA.

Croyez-vous que je ne sois point importunée, offensée même de cette obstination à se trouver sans cesse sur mes pas ? Sais-je seulement ce que c'est que ce jeune homme ?

TENORIO.

Vous ne connaissez ni son nom ni sa famille ?

DONA ANTONIA.

Et je n'ai aucun désir d'être plus instruite. Vous le connaissez apparemment ?

TENORIO.

Beaucoup, madame ; et je m'y intéresse. Il meurt d'amour pour vous, c'est un jeune homme charmant, plein d'esprit, de sentimens, modeste, timide, de bonne famille. N'avez-vous point pitié de lui ?

DONA ANTONIA.

Est-ce pour entendre de pareils discours que le seigneur alcade vous a député vers moi ?

TENORIO.

Pas tout-à-fait ; mais j'en profite pour essayer de vous attendrir en faveur d'un ami.

DONA ANTONIA.

N'y comptez pas.

TENORIO.

Vous ne dites pas cela d'un ton bien décidé.

DONA ANTONIA.

Oh, je suis fermement résolue.....

GREGORIO, *dans la coulisse.*

Juan.

TENORIO.

Voici le seigneur alcade.

SCÈNE VIII.

Dona ANTONIA, GREGORIO, TENORIO.

GREGORIO, *en entrant.*

Reconduis le seigneur don André. Votre serviteur.

Dona ANTONIA.

Don André !

GREGORIO.

Madame est sans doute cette étrangère ?

TENORIO.

Elle-même.

GREGORIO, *à Ténorio.*

Elle est fort bien. Beauté antique. (*Haut.*) Ne vous formalisez pas, belle et honorable dame, de la démarche que Ténorio, mon secrétaire, a faite auprès de vous par mon ordre. Quant à moi, en voyant tant d'attraits, je ne peux que rendre graces aux devoirs de ma place, qui me procurent le bonheur de vous faire ma révérence.

Dona ANTONIA.

C'est chercher à adoucir de la manière la plus galante ce que la visite à laquelle vous me forcez peut avoir de désagréable ; mais je vous prie, quel est ce don André qui vous quitte ?

GREGORIO.

Ce don André ? c'est un habitant de cette ville, que vous ne pouvez pas connaître. (*A part.*) Peste, il ne faut pas qu'on soupçonne mon petit complot avec lui.

TENORIO, *à part.*

Don André ! habitant de cette ville ! Est-ce que le seigneur alcade voudrait avoir des secrets pour moi ?

Dona ANTONIA.

Maintenant, monsieur, que voulez-vous de moi ?

GREGORIO.

Madame, vous êtes arrivée le jour de S.-Athanase, à

3

cinq heures du soir; vous ne deviez passer qu'une nuit à Molorido; vous aviez demandé des chevaux pour le lendemain : tout-à-coup, vous changez d'idée, et voilà dix jours que vous habitez notre ville; vous vivez d'une manière fort retirée, vous sortez peu, vous ne recevez personne.

Dona ANTONIA.

Eh bien, monsieur, où trouvez-vous là rien qui me vaille l'honneur d'être recherchée par le seigneur alcade? le bon ordre et la tranquillité de votre ville sont-ils dans le cas d'être compromis par ma conduite?

GREGORIO.

Madame, l'obscurité dont vous vous environnez doit éveiller la sollicitude d'un bon magistrat. Plusieurs fils de famille ont exprimé tout haut leur admiration pour vos charmes... admiration que je partage. J'aurais pu interroger et faire parler votre camariste; j'aime mieux m'adresser à vous. Songez qu'un alcade est un tendre père, un discret directeur, dans le sein duquel on peut verser tous ses secrets. Êtes-vous femme, fille, ou veuve? quel est le motif, quel est le but de votre voyage et de votre séjour à Molorido? Vous plaît-il de ne vous confier qu'à moi? je vais faire retirer cet homme.

Dona ANTONIA.

Je peux parler devant tout le monde; je me nomme Dona Antonia; je suis veuve. J'allais à Madrid pour des affaires de famille; mais j'ai pensé que je ne devais m'y rendre que bien certaine d'y trouver un parent aujourd'hui, mon unique appui; je lui ai écrit; j'attends sa réponse à Molorido. Voilà tout.

GREGORIO.

Voilà tout. Madame, madame, ces renseignemens ne laissent pas que d'être un peu brefs. Vous vous nommez dona Antonia? mais votre nom de famille? Vous êtes veuve? de qui? Vous allez à Madrid chercher un parent? quel parent ? un oncle, un frère, ou un cousin ?

Dona ANTONIA.

Seigneur alcade, ces questions ne passent-elles pas les droits que peut vous donner votre ministère? Surveillez mes actions; mais attendez qu'elles vous paraissent repréhensibles pour exiger de moi plus que je ne vous ai dit.

GREGORIO, *bas à Ténorio.*

Très-bien répondu ; mais il y a là un mystère.

TENORIO.

C'est mon avis.

Dona ANTONIA.

Eh bien , seigneur alcade.

GREGORIO.

Eh bien, madame, ce n'est plus un alcade, c'est un ami qui s'adresse à vous. Il est impossible qu'une jeune et jolie femme comme vous se condamne à vivre ainsi dans la retraite sans quelque grave motif. Avez-vous essuyé quelque malheur ? Fuyez-vous la tyrannie d'un père? puis-je vous être utile ? disposez de mon crédit; comptez sur mes secours.

Dona ANTONIA.

Le seigneur alcade n'a-t-il pas autre chose à me dire?

GREGORIO.

Moi !..., rien ; sinon que vous êtes belle , que vous êtes charmante, et que....

Dona ANTONIA.

Souffrez que je me retire.

GREGORIO.

Comment ! quoi, sitôt ?.... me sera-t-il permis de vous rendre mes devoirs ?

Dona ANTONIA.

Mon caractère et ma situation me font desirer la retraite la plus absolue.

GREGORIO.

J'entends bien ; et je dois respecter..... (*En soupirant.*)
Ténorio, reconduis Madame.

Dona ANTONIA.

C'est inutile ; j'ai laissé ma camariste dans la première
chambre.

GREGORIO.

Au moins, daignez accepter ma main.

(*Il sort avec dona Antonia.*)

TENORIO.

Il est très-galant, notre alcade.

SCÈNE IX.

TÉNORIO EUGÉNIO.

EUGENIO.

J'attendais avec impatience le résultat de l'entretien.

TENORIO.

Rien qui doive vous alarmer. Il n'a point été question
de vous devant votre père. Avec moi, on a affecté de
très-peu se soucier de votre amour ; mais on vous a remarqué, et l'on est, je crois, très-disposé à vous aimer.

EUGENIO.

Ah ! je suis le plus heureux des hommes.

TENORIO

Sortez vîte, votre père revient.

(*Eugénio entre dans sa chambre.*)

SCÈNE X.

GREGORIO TENORIO.

GREGORIO.

De la noblesse, de la dignité, beaucoup de dignité ;
c'est une actrice ou une infante qui voyage incognito.

TENORIO.

Ma foi.....

GREGORIO.

Parmi les jeunes gens, épris de sa beauté on en remarque un sur-tout, couvert d'un grand manteau brun ; sais-tu qui ?

TENORIO.

J'ai des soupçons.

GREGORIO.

Qui soupçonnes-tu ?

TENORIO.

Eh mais !... le fils du corrégidor de Salamanque a, comme vous le savez, un oncle chanoine de notre cathédrale. Notez que depuis quelques temps, le neveu vient très-souvent voir son oncle.

GREGORIO.

Oh, oh ! tandis que le père fait la police à Salamanque, le fils viendrait faire le galant à Molorido.

TENORIO.

C'est une affaire à éclaircir.

GREGORIO.

Je ne serais pas fâché de donner une leçon de surveillance à mon confrère ; car enfin, sauf le titre, un corrégidor, c'est un confrère.

TENORIO.

Parbleu !

GREGORIO.

Voici l'heure où le bal va commencer ; as-tu veillé à ce que rien de ce qui s'y passera ne puisse m'échapper ?

TENORIO.

Oui seigneur.

GREGORIO.

De mon côté j'ai pris mes précautions.

TENORIO.

Comment ?

GREGORIO.

Rien, rien.

TENORIO.

Qu'est-ce donc que ce don André, dont vous parliez tout-à-l'heure ?

GREGORIO.

Ah ! tu veux tout savoir ; et si je ne veux pas te le dire ? songe qu'au moment où tu y penses le moins, je te fais surveiller, toi que je charge de surveiller les autres !

TENORIO.

A votre aise, monsieur.

GREGORIO.

Cette femme-là cache quelque profonde passion.

TENORIO.

Quelle femme ?

GREGORIO.

La belle étrangère.

TENORIO.

Ah, monsieur Grégorio, les jolies femmes vous occupent beaucoup.

GREGORIO.

Oh non, ce n'est pas ce que tu penses. Chut, voici ma femme ; non, c'est mon fils.

SCÈNE XI.

GREGORIO, EUGENIO, TENORIO.

EUGENIO, *à un valet qui est chargé de son porte-manteau.*

Portez cela dans la cour.

GREGORIO.

Eh bien, mon ami, tu es donc toujours décidé à partir ?

EUGENIO.

Oui mon père. Juan, selle mon cheval.

GREGORIO.

Tu pourrais bien attendre à demain matin.

EUGENIO.

Il fait un clair de lune magnifique ; les nuits, en Espagne, sont le meilleur temps pour voyager.

GREGORIO.

Quel zèle ! il m'enchante.

SCÈNE XII.

FRANCISCA, THERESINA, GREGORIO, TENORIO, EUGENIO.

THERESINA.

Monsieur Gregorio, je vais me retirer dans mon appartement.

GREGORIO.

Déja !

THERESINA.

Une migraine affreuse....

GREGORIO.

Ah ! pauvre femme ! Et voilà votre fils qui va monter à cheval pour retourner à Salamanque.

THERESINA.

Eh quoi, la nuit, mon fils ?

GREGORIO.

C'est ce que je lui ai dit.

SCÈNE XIII.

NUNÈS, RIFADOR, FRANCISCA, THERESINA, GREGORIO, TENORIO, EUGENIO, JUAN.

JUAN.

Le cheval du seigneur Eugenio, est prêt ; et voici M. Rifador et le commandant Nunès qui viennent prendre les ordres de monsieur.

GREGORIO.

C'est important. Une nuit de bal ! quel beau champ pour

la licence et les aventures ! Et de-là de l'ouvrage pour un alcade.

(Il passe près Rifador.)

THERESINA, *bas à Tenorio.*

N'oublie pas de laisser la petite porte ouverte en t'en allant.

TENORIO.

C'est entendu.

EUGENIO, *bas à Tenorio.*

Trouve-toi à la porte de la ville, pour me conduire chez Catalina.

TENORIO.

C'est convenu.

GREGORIO.

Je suis à vous tout à l'heure, messieurs. Bon soir, ma femme ; adieu, mon fils.

FRANCISCA.

Bon voyage , mon cousin.

THERESINA.

Je t'accompagne jusqu'à la porte de la rue.

GREGORIO.

Et moi , donc. Continue, mon ami..... Mais qu'ai-je besoin de te donner des leçons ? tu vaux mieux que ton père.

TENORIO.

Je veux le voir monter à cheval. (*Tous sortent , hors Nunès et Rifador.*)

SCÈNE XIV.

NUNÈS, RIFADOR.

RIFADOR.

Ne remarques-tu pas un air de triomphe dans les yeux de ce coquin de Ténorio ?

NUNÈS.

Cela m'a frappé , et cela me consterne.

RIFADOR.

Le fils et la nièce de l'alcade ne me paraissent pas très-enchantés du double mariage projeté.

NUNÈS.

C'est singulier.

RIFADOR.

Il faudra bien qu'ils prennent leur parti. Quel est mon but? de devenir alcade, et de mettre fin aux propos affreux qu'on tient sur ma fortune. Parce que les personnes dont j'ai été l'intendant étaient prodigues et que je suis économe, parce qu'elles sont ruinées et que je suis riche, on se chuchotte à l'oreille que je suis un fripon; je ne fais pas semblant d'entendre, il faudrait me fâcher. Oh! quand j'aurai de l'autorité.... C'est Ténorio qui les met tous en train.

NUNÈS.

Quel besoin M. Grégorio avait-il d'augmenter son administration d'un secrétaire?

RIFADOR.

La besogne allait fort bien avec nous.

NUNÈS.

Et depuis que Ténorio s'en mêle, je ne suis plus rien.

RIFADOR.

Il faut faire chasser cet homme-là.

NUNÈS.

D'abord, dès cette nuit, je reprends mes droits de commandant, et je fais ma ronde sans lui.

RIFADOR.

D'abord, dès que je suis alcade, je te fais capitaine.

NUNÈS.

Chut; voici M. Grégorio.

RIFADOR.

Nous reprendrons cet entretien.

SCÈNE XV.

NUNÈS, RIFADOR, GREGORIO, TENORIO, JUAN.

GREGORIO.

Il est parti ; ma femme et ma nièce sont rentrées dans leur appartement : c'est charmant de se retirer ainsi de bonne heure.

TENORIO.

On s'en lève plutôt ; on s'en porte mieux. C'est tout gain.

GREGORIO.

Ah ! cher Rifador, quel présent je fais à votre fille en lui donnant mon fils ! Quel cadeau je vous fais en vous donnant ma nièce ! Or çà, messieurs, qu'on surveille attentivement tous les lieux publics, les cabarets, les auberges, les hôtels garnis, l'auberge de la Fontaine-d'or sur-tout. Cette étrangère ne m'est pas suspecte, mais elle m'inquiète. Tous ces jeunes gens qui s'avisent de lui faire la cour..... (A part.) Ah ! si l'homme au manteau brun était le fils du corrégidor. (Haut.) Multipliez les patrouilles et les factions ; s'il arrive quelque événement, réveillez mon greffier ; mon greffier me réveillera s'il juge qu'il y a lieu ; et que chacun de vous vienne me rendre compte, demain matin, de toutes les aventures de la nuit. Je vous souhaite bien le bon soir.

RIFADOR.

Bon soir, cher et respectable Grégorio.
(Il sort avec Nunès.)

TENORIO.

Dormez, monsieur ; je vais veiller pour vous. (Il sort, Juan les éclaire.)

SCÈNE XVI.

GREGORIO, JUAN.

GREGORIO.

Quand je pense que ma femme dort peut-être déja, au moment où toutes les autres femmes de Molorjdo s'occupent de leur toilette et de leurs intrigues...

JUAN, *suivant Grégorio, avec un flambeau à la main.*

Voilà votre flambeau, monsieur.

GREGORIO.

Bonne nuit, Juan. (*Il entre dans sa chambre.*)

JUAN.

Bonne nuit, monsieur. (*Seul.*) Je m'en vas trouver ma femme...... Notre honnête homme d'alcade ne se doute guère qu'il va coucher tout seul dans sa maison. (*On baisse la rampe à la fin de l'acte.*)

Fin du deuxième acte.

~~~~~~

ACTE III.

On lève la rampe pour commencer.

SCÈNE PREMIÈRE.

JUAN, *seul.*

Voila six heures qui viennent de sonner au grand couvent. Ah! sainte Vierge, si l'alcade se réveillait!

SCÈNE II.

TENORIO, JUAN.

TENORIO, *entrant mystérieusement par la porte à*
droite de l'acteur.

Te voilà, Juan?

JUAN.

C'est vous, seigneur Ténorio?

TENORIO.

Je viens de passer devant la redoute; j'ai entendu les
violons : on danse encore. La femme et la nièce du seigneur
alcade sont-elles rentrées?

JUAN.

Mon Dieu, non.

TENORIO.

Elles ne quitteront le bal que les dernières.

JUAN.

L'alcade va se réveiller; tout va se découvrir.

TENORIO.

J'en ai peur. La nuit a été féconde en événemens. Ce
masque inconnu qui a tourmenté toutes les dames au bal,

c'est sans doute ce don André , sur lequel monsieur Grégorio n'a pas voulu s'expliquer.

JUAN.

Un jeune cavalier qui est venu hier soir faire viser son
passeport.

TENORIO.

Ah ! ah ! monsieur Grégorio , vous envoyez au bal un
inconnu !

JUAN.

Avez-vous entendu dire qu'il y avait eu un homme masqué
arrêté par la patrouille ?

TENORIO.

Oui, vraiment. Garde-toi d'en parler à l'alcade avant
que j'aie pris des renseignemens sur cette affaire. Et notre
jeune Eugénio est-il content de son petit appartement ?

JUAN.

Enchanté ! il n'était pas rentré quand j'ai quitté ma
femme.

TENORIO.

Pas rentré ! je tremble....

JUAN.

Nous sommes perdus; j'entends monsieur Grégorio qui
sort de sa chambre à coucher.

TENORIO.

Ah ! les maudites femmes avec leur passion pour le bal !

SCÈNE III.

JUAN, GREGORIO, TENORIO.

GREGORIO, *en robe de chambre et coiffe de nuit.*
Déja ici , Ténorio.

TENORIO.

Déja levé, monsieur.

GREGORIO.

L'amour du travail , mon ami.

TENORIO.

Quel bienfait du ciel qu'un alcade comme vous ! Vous dormez tandis que les autres sont au bal, vous veillez quand ils dorment.

GREGORIO.

J'ai fait les rêves les plus agréables : je voyais mon fils soutenant avec éclat sa thèse..... de licence.... Cette dame étrangère.... Or çà , je passe chez ma femme, lui souhaiter le bon jour.

JUAN, *à part*.

Ah ! mon Dieu.

TENORIO.

Chut, monsieur, madame dort.

JUAN.

Oui, monsieur, elle dort.

GREGORIO.

Elle dort ? En effet, il est encore de bonne heure.

TENORIO.

Cependant, si monsieur veut qu'on frappe tout doucement à sa porte.

GREGORIO.

Non pas. En attendant qu'elle paraisse, dis-moi, tu as été au bal ?

TENORIO.

Oui, monsieur, je rédige mon rapport.

GREGORIO.

Etais-tu masqué ?

TENORIO.

J'ai changé cinq à six fois de déguisement.

GREGORIO.

Le bal était-il beau ?

TENORIO.

Comme tous les bals : des Arlequins, des Turcs, des Pierrots, des bergères, des dominos, des nonnes, des hermites ; c'était fort gai.

GREGORIO.

Et tu as reconnu tout le monde ?

TENORIO.

Tout le monde.

GREGORIO.

Quoi, même un certain masque...?

TENORIO.

Ah ! monsieur, c'est là que jai admiré votre génie; oui, monsieur votre génie. Moi, qu'on voudrait faire passer pour un homme fin et adroit, je ne suis qu'un enfant auprès de vous; mais je vous ai deviné : c'est vous qui l'avez mis au courant de toutes les intrigues de Molorido ; c'est ce cavalier qui est venu faire viser son passeport, celui que vous nommiez hier devant cette dame, don... dou...

GREGORIO.

Don André. On a été bien étonné, bien inquiet de le voir si instruit ?

TENORIO.

Ah ! je vous en réponds.

GREGORIO.

C'est ce que je voulais. Et, dis moi ; cette dame étrangère, et l'homme au manteau brun.... (*On sonne.*) On sonne, je crois.

TENORIO.

Qui peut venir si matin ?

JUAN, *à part.*

Ah, mon Dieu ! Serait-ce....?

GREGORIO.

Eh bien, vas donc ouvrir, Juan.

JUAN.

J'y vais, monsieur. (*A part.*) Je me rassure, c'est par la petite porte qn'elles doivent revenir. (*On sonne encore.*) Un moment donc. Ils sont bien pressés. (*Il sort*).

SCÈNE IV.

GREGORIO, TENORIO.

GREGORIO.

Quel tapage! Cette maudite sonnette va réveiller ma femme.

TENORIO.

Il n'y a point de danger.... (*Grégorio fait un mouvement de surprise.*) C'est ce que je crains, voulais-je dire ?

SCÈNE V.

GREGORIO, TENORIO, JUAN.

JUAN.

Monsieur, c'est ce jeune cavalier....

GREGORIO.

Don André , fais entrer.

JUAN.

Le voilà, monsieur.

TENORIO, *bas à Juan.*

Eh vîte, va-t-en te mettre en faction au coin de la petite rue, et reviens m'avertir dès que nos dames paraîtront.

JUAN.

C'est dit. (*A part.*) Il faut convenir que nous sommes de fiers intrigans. (*Il sort*)

SCÈNE VI.

DON ANDRÉ, GREGORIO, TENORIO.

GREGORIO.

Votre serviteur, seigneur don André ; vous êtes exact au rendez-vous.

D. ANDRÉ.

Le bal n'est pas encore fini. J'attendais avec impatience

que le jour parût. Je n'ai fait que passer à mon auberge,
pour me débarrasser de mon déguisement, et j'accours.....

GREGORIO.

Eh bien, avez-vous reconnu toutes nos dames aux
renseignemens que je vous avais donnés? Vous pouvez
parler devant Ténorio, je l'ai mis au fait.

D. ANDRÉ.

J'ai reconnu tout le monde. J'étais en magicien, on
m'a pris pour un vrai sorcier : mais vous ne m'avez pas
tout dit; il y a deux femmes dont vous ne m'avez pas
parlé.

GREGORIO.

Pardonnez-moi, je crois n'avoir oublié personne.

D. ANDRÉ.

Une jeune demoiselle bien faite, à qui j'ai reconnu les
plus beaux yeux à travers son masque, à qui je soupçonne les plus beaux traits : une autre femme plus âgée,
je crois, qui l'accompagnait, d'une tournure distinguée.

TENORIO, *à part.*

Haïe, haïe, serait-il question de nos dames?

GREGORIO.

Une jeune fille, une plus âgée; je ne connais pas cela,
Ténorio.

D. ANDRÉ.

Elles étaient habillées.....

TENORIO, *se hâtant d'interrompre.*

Je les ai remarquées, monsieur; et l'assiduité de monsieur auprès d'elles ne m'a point échappé.

D. ANDRÉ.

Jugez de ma surprise; ou je me trompe fort, ou cette
jeune personne si bien faite est une aimable inconnue que
j'ai vue cet automne à ma garnison.

TENORIO.

Ah! ah!

D. ANDRÉ.

A qui je n'ai jamais parlé, dont j'ignore le nom; mais

dont la vue a fait sur mon ame la plus vive et la plus
profonde impression.

TENORIO, *à part.*

Quel rapport !

D. ANDRÉ.

C'est elle, j'en suis certain. Vous concevez que du
moment où je crus reconnaître ses traits sous le taffetas de
son masque, il me fut impossible de m'occuper des autres
femmes. A peine a-t-elle répondu à mes questions; mais
ses réponses étaient justes, décentes et spirituelles. J'aime
à me flatter qu'elle m'a reconnu. Plus d'une fois sa voix
m'a paru se troubler; je m'imaginais la voir rougir sous son
masque. Ah! seigneur alcade, ce bal, où je n'allais que
par partie de plaisir, va peut-être décider du reste de ma
vie. Mais quelle est-elle? dites-le-moi; ne me faites pas
languir davantage.

GREGORIO.

C'est fort singulier. Mais quelle est-elle, Ténorio? Tu as
dû la reconnaître.

TENORIO.

Ma foi, monsieur, je ne suis pas plus avancé que
monsieur, et j'avoue que ma pénétration a échoué devant
ces deux femmes.

GREGORIO.

Je crois pourtant n'avoir oublié aucune de celles
qui devaient être au bal; et parmi les femmes mar-
quantes de Molorido, je ne verrais guère que ma
femme et ma nièce.... Or ma femme et ma nièce dorment au moment où je vous parle. Ni ma femme ni ma
nièce n'étaient au bal.

TENORIO.

Je ne vois pas plus que vous qui elles peuvent être....
Attendez-donc... Si c'était la dame étrangère que vous avez
vue hier.

GREGORIO.

Tu croirais....?

TENORIO.

Avec une dame qui paraissait plus âgée, dit monsieur.

D. ANDRÉ.

Une tante, une mère ou une duègne....

TENORIO.

Sa camariste, qui ne laisse pas que d'être d'un âge fort respectable.

GREGORIO.

Un ton noble, fier, un peu décidé?

D. ANDRÉ.

Non, de la naïveté, de la timidité, de l'embarras.

TENORIO.

Comme on se contrefait sous le masque!

GREGORIO.

Si c'est elle, je vous fais mon compliment sur votre bon goût.

D. ANDRÉ.

Ah! seigneur alcade, j'implore votre secours; si vous la connaissez, faites-moi lui parler : quelque pressé que je sois de me rendre à Madrid, je ne quitte pas Molorido que je ne l'aie revue. Il faut que je m'en fasse aimer, il faut que je l'épouse. Peu m'importe sa fortune, j'en ai assez pour elle et pour moi : je vous devrai la vie.

GREGORIO.

Vous m'intéressez. Moi, je ne peux pas m'en mêler : ce n'est pas que je ne fusse en état de vous donner de très-bons conseils; mais tenez, Ténorio est l'homme qu'il vous faut.

D. ANDRÉ.

Ah! mon ami, servez-moi, et comptez sur ma reconnaissance.

TENORIO.

J'y compte, monsieur; mais il ne faut pas qu'on vous voie ici : cela donnerait des soupçons. Et puis, le seigneur alcade a ses occupations.

GREGORIO.

En effet.

TENORIO.

Sortez, sortez, monsieur; j'irai vous rejoindre à votre auberge.

D. ANDRÉ.

Oui, je sors. Je vous reverrai.

GREGORIO.

J'espère, monsieur, puisque vous prolongez votre séjour, que j'aurai l'honneur de vous présenter à ma femme et à ma nièce.

D. ANDRÉ.

Je me fais un devoir de les saluer. Quels remerciemens ne vous dois-je pas, cher et digne alcade : je ne voulais pas aller au bal, c'est vous qui m'y avez presque forcé.

GREGORIO.

C'est vrai.

D. ANDRÉ, *à Ténorio.*

Mon ami, je compte sur vous. (*Il sort.*)

SCÈNE VII.

GREGORIO, TENORIO.

GREGORIO.

Voilà un jeune homme bien amoureux.

TENORIO, *à part.*

Voilà un rival à l'ami Rifador.

GREGORIO.

Mais moi qui comptais sur lui pour apprendre les avantures du bal, il faut qu'il y retrouve son inconnue, et je ne sais rien.

TENORIO.

Si monsieur veut passer avec moi dans son cabinet, en attendant mon rapport, je lui dirai de vive voix....

GREGORIO.

Pourquoi dans mon cabinet ?

TENORIO.

Il vient tant de monde dans cette chambre le matin.

GREGORIO.

Tu as raison. Et tu crois que son inconnue serait la belle étrangère ?

TENORIO.

A moins que ce ne soit là petite Sétenilla, la fille du vieux major don Fernand.

GREGORIO.

Cela se pourrait bien ; alors, l'homme que tu soup-çonnes fils du corrégidor de Salamanque..... Mais je ne conçois pas que ma femme et ma nièce dorment si long-temps.

TENORIO.

Elles sont si matinales ordinairement ! Madame se plai-gnait hier d'une forte migraine.

GREGORIO.

C'est juste ; ne faisons pas de bruit. Allons, viens. (*Il entre dans son cabinet.*)

TENORIO.

Je vous suis, monsieur. (*A part.*) Je tremblais que nos dames ne parussent.

SCÈNE VIII.

THERESINA, TENORIO, FRANCISCA, JUAN. (*Theresina et Francisca sont habillées en bergères et ont chacune un masque à la main.*)

JUAN.

Elles sont là.

TENORIO.

Elles sont là ? Eh vîte, entrez, mesdames, et passez dans votre appartement.

THERESINA, *entrant.*

Ah ! je n'en peux plus de frayeur et de lassitude.

FRANCISCA.

Eh quoi ! mon oncle déja levé !

TENORIO.

Eh ! par pitié, rentrez bien vîte ; l'alcade est là.

THERESINA.

Si tu savais tout ce qui s'est passé au bal ; un masque inconnu à tout le monde.

FRANCISCA, *bas à Ténorio.*

C'est lui, c'est ce jeune officier.

TENORIO.

Je le sais, je sais tout ; mais si vous ne voulez pas qu'on soupçonne encore plus de mal qu'il n'y en a, rentrez. Il n'est plus temps ; voici l'alcade.

FRANCISCA.

Mon oncle !

THERESINA.

Nous sommes perdues !

JUAN.

Je me sauve. (*Il s'enfuit.*)

SCÈNE IX.

TENORIO, GREGORIO, THERESINA, FRANCISCA.

GREGORIO, *sortant de son cabinet.*

Eh bien, Ténorio ?... Que vois-je ? ma femme et ma nièce parées dès le matin ! Que signifie cette toilette ? Comment ? quoi ! en taffetas rose et bleu toutes les deux ?

THERESINA.

Mon cher mari....

FRANCISCA.

Mon oncle.....

GREGORIO.

Eh bien quoi ? mon oncle, mon mari ; répondrez-vous ?

THERESINA.

Eh mais, demandez à Ténorio.

FRANCISCA.

Oui, demandez-lui.

GREGORIO.

Eh bien, réponds donc, Ténorio ; que veut dire ceci ?

TENORIO.

Ce que cela veut dire, monsieur ? Cela veut dire.....
Oh ma foi, je vois bien qu'il est impossible de cacher
quelque chose à monsieur.

GREGORIO.

Je m'en flatte, je le crois; mais enfin....

TENORIO.

Il faut tout lui avouer.

GREGORIO.

Eh bien, dis-moi donc tout.

TENORIO.

Madame et mademoiselle me pardonneront-elles ?

GREGORIO.

Oui, elles te pardonneront ; mais moi !

TENORIO.

Eh bien, monsieur, c'est une surprise que nous voulions
vous ménager pour votre fête.

GREGORIO.

Pour ma fête ?

THERESINA.

Voilà ce que c'est, mon ami.

FRANCISCA.

Oui, mon oncle.

GREGORIO.

Il y a deux jours que, suivant votre usage, vous
m'avez présenté vos bouquets.

THERESINA.

Oui ; mais, cette année, nous voulions nous distinguer....
Et puis l'anniversaire de votre naissance.

GREGORIO.

Ce n'est qu'après-demain.

FRANCISCA.

C'est vrai ; mais celui de votre convalescence ?

GREGORIO.

Ah ! celui-là.....

TENORIO.

Enfin, monsieur, fête patronale, anniversaire de naissance, de mariage ou de convalescence, c'est toujours une
fête et un anniversaire, nous réunissons les trois époques,
trois fêtes en une seule; mais il n'y a pas moyen de vous
snrprendre.

GREGORIO.

Ah oui, c'est bien moi qu'on surprend !

THERESINA.

Comment. Est-ce que vous saviez...?

GREGORIO.

Pas précisément, mais....

TENORIO.

Monsieur avait des soupçons.

GREGORIO.

Est-ce que vous croyez que depuis hier je n'ai pas remarqué vos regards furtifs, vos chuchoteméns?

FRANCISCA.

En vérité !

GREGORIO.

C'est pour cela qu'hier au soir vous avez feint d'avoir
la migraine.

THERESINA.

Oui vraiment, cependant....

GREGORIO.

Et mon fils ?... Il ne sait donc rien ?..

TENORIO.

Monsieur votre fils.... Il en sera.

GREGORIO.

Et comment?... s'il est parti.

TENORIO

Eh que diable, monsieur, ne nous interrogez pas ; qu'au
moins vous ayez quelque surprise. Vous entendez bien
que la fête ne va pas commencer tout de suite ; toutes les
personnes invitées ne seront ici que dans trois ou quatre
heures ; car madame a invité toute la ville ; c'est-à-dire

moi en son nom; et si madame et mademoiselle sont déja habillées, c'est pour des répétitions ,... parce que la scène doit se passer.... Et quand on n'a pas l'habitude.... Vous entendez bien.... enfin je ne veux vous rien dire.

GREGORIO.

Ce pauvre Ténorio! Le voilà tout interdit de ce que j'ai découvert.... Ma chère femme, ma chère nièce, je suis touché jusqu'aux larmes.... mais à présent que je suis au fait, voyons en quoi consiste la fête.

TENORIO.

Par exemple, vous ne le saurez pas.

GREGORIO.

Bon, je devine encore. Vous voilà en bergères toutes les deux. Il y a quelque allégorie, une pastorale, un déjeûner champêtre dans mon jardin. Mon fils est peut-être allé cher-cher des instrumens et des musiciens à Salamanque; et ce soir un bal, un feu d'artifice, peut-être une illumination.

TENORIO.

C'est unique, monsieur n'oublie rien.

THERESINA.

Que c'est cruel de vous voir instruit....

GREGORIO.

Vraiment, est-ce qu'il y aura tout cela?

TENORIO.

Trois fêtes en une ! Il faut que la fête en vaille trois. Au nom du ciel, monsieur, ne devinez plus rien; nous n'avons pas trop de temps pour les préparatifs ... Cepen-dant il ne faut pas vous attendre à une fête magnifique.... une fête de famille.... en famille.... Venez mesdames.

GREGORIO.

Non, c'est moi qui vous laisse; je vais dans mon ca-binet travailler, m'occuper. Tenorio, je te dispense de me rendre compte de ce qui s'est passé au bal; car je le vois; c'est toi qui est le grand ordonnateur; je suis un indiscret; ah ! dame c'est tout simple, vous autres femmes; vous ne pouvez pas garder un secret comme un alcade.

Ma chère femme, ma chère nièce...., ce n'est ni le luxe, ni l'importance de la fête;... mais le motif, l'intention.... Cela vous contrarie que j'aie tout deviné. Que voulez-vous? on ne peut pas se changer. J'en suis fâché, cela me fait perdre des jouissances. Soyez tranquilles, je ferai le surpris. *(Il entre dans son cabinet.)*

SCÈNE X.

THERESINA, TENORIO, FRANCISCA.

THERESINA.

Je respire.

FRANCISCA.

Que je souffre de tromper ainsi....

THERESINA.

Que faire à présent ?

TENORIO.

Je ne veux pas en avoir le démenti; puisque le seigneur alcade a si bien deviné, il faut qu'il ait tout ce qu'il vient d'imaginer.

THERESINA.

Eh quoi, la pastorale, l'illumination !

TENORIO.

Il aura tout. Quelque pastorale bien fade qu'on trouvera très-piquante. Je vous y donne à chacune un rôle, je vous soufflerai, je vous inspirerai. L'orchestre du bal ne doit pes encore être couché; je chante, je pince de la guitare, j'improvise des couplets en italien et en allemand, pour que personne n'y entende rien. Un grand déjeûner. pendant le déjeûner je prépare la pastorale, pendant la pastorale je prépare le feu d'artifice; le reste ira de suite.

THERESINA..

Ah, si j'avais prévu.... Enfin nous y sommes. Et mon fils.... pourquoi as-tu dit qu'il en serait? Tu vas donc faire courir après lui? Et les invitations ! et comment tout sera-t-il prêt ?

TENORIO.

Je me charge de tout ; je m'établis le maître de la maison ; j'étais né pour être maître des ballets. Il faut que l'inconnu du bal et la belle étrangère y figurent. Votre fils paraîtra à point nommé ; j'invite toute la ville ; j'appelle les passans s'il le faut ; nous aurons toujours assez de monde. Quand il est question d'une fête, toutes les femmes accourent ; et les hommes vont par-tout où il y a des femmes.

THERESINA.

Et il faut que je joue un rôle dans une pastorale pour mon mari. Dans le fond, je suis enchantée de cette occasion de lui prouver mon attachement ; mais qui paiera tout cela ?

TENORIO.

Eh parbleu ! le seigneur alcade. Ce sont toujours les maris , les pères et les oncles qui paient les frais des fêtes qu'on leur donne. Du vin en abondance. Heureusement la cave de l'alcade est bien fournie.

(*Il va pour sortir.*)

SCÈNE XI.

JUAN, TENORIO , THERESINA , FRANCISCA.

JUAN.

Ah ! monsieur Ténorio, si vous saviez ce que j'ai découvert.

TENORIO.

Viens avec moi ; j'ai besoin de toi.

JUAN.

Mais je venais vous apprendre......

TENORIO.

J'ai bien le temps de t'écouter ! Les plaisirs avant les affaires , et les plaisirs me donnent assez d'ouvrage. Vous , mesdames, des bouquets, des couplets, des ballets, des buffets, des tables dressées, les noces de Gamache.

(*Il sort.*)

JUAN.

Il a l'air d'un général, qui ordonne une bataille.

(*Il sort.*)

SCÈNE XII.

THERESINA, FRANCISCA.

THERESINA.

Allons, mademoiselle ; songeons à bien fêter votre oncle. Mais mon Dieu, avoir passé la nuit au bal ! et le jour donner une fête à mon mari ! Heureusement, quoique je me sois divinement amusée au bal, j'y ai un peu dormi.

FRANCISCA.

Je n'y ai pas dormi, et je ne me sens nulle envie de dormir. Mais quel était donc ce masque inconnu déguisé en magicien ?

THERESINA.

C'est fort singulier ; il a tourmenté toutes les autres femmes. A nous deux, il ne nous a dit que des douceurs et des galanteries ; il savait le nom et les aventures de toutes les autres, et il ne nous a rien dit qui pût nous faire croire qu'il nous connût.

FRANCISCA.

Pardonnez-moi, ma tante ; il m'a parlé de mon séjour à la campagne, de ma tante Léonore.

THERESINA.

Eh bien, qu'est-ce que veut dire ceci ? Vous me parlez sans cesse de ma sœur et de sa campagne ; nous y reviéndrons. Pourvu que les personnes qui étaient au bal ne reconnaissent pas à notre toilette que nous y étions. Il nous est facile de changer quelque chose à notre parure. Il y avait tant de bergères ; c'est le déguisement à la mode, cette année, à Molorido ; mais je suis trop bonne pour vous : céder à vos desirs d'aller à ce bal ! Ah, si votre oncle savait cela......

FRANCISCA.

Le voici.

THERESINA.

Et M. Rifador qui vient d'un autre côté.

FRANCISCA, *à part.*

Je crois que je le hais encore plus depuis que j'ai été au bal.

SCÈNE XIII,

NUNÈS, RIFADOR, GREGORIO, THERESINA, FRANCISGA.

GREGORIO.

Je ne peux pas rester en place, je ne peux pas travailler, je suis dans l'enchantement ; ne faites pas attention à moi, occupez-vous de vos préparatifs ; je ne vois rien, je ne veux rien voir.

RIFADOR.

Je viens, seigneur alcade....

GREGORIO.

Ah ! voilà le cher Rifador ; il en est ?

RIFADOR.

De quoi ?

GREGORIO.

De la fête.

RIFADOR.

Quelle fête ?

GREGORIO.

Ne faites plus le mystérieux, je sais tout, j'ai tout deviné.

RIFADOR.

Qu'avez-vous deviné ?

GREGORIO.

La fête.

RIFADOR.

La fête ! Il s'agit d'une affaire....

GREGORIO, *à sa femme.*

Vous n'aviez donc rien dit à Rifador ?

THERESINA.

Je m'en serais bien gardée ; il vous dit tout.

RIFADOR.

C'est mon devoir.

THERESINA.

Je comptais inviter monsieur ce matin.

RIFADOR.

M'inviter.....

GREGORIO.

Oui, mon ami, à une fête que ma femme et ma nièce me donnent pour l'anniversaire de ma naissance, de ma convalescence, pour le nom que je porte.

RIFADOR.

Ah ! ah !

GREGORIO.

C'est Ténorio qui la dirige.

RIFADOR,

Allons, le seigneur Ténorio ! C'est lui qui mène tout dans la ville, à présent.

GREGORIO.

C'est un garçon bien précieux.

THERESINA.

Je vous laisse avec monsieur ; j'ai tant d'ordres à donner. (*Bas à Francisca.*) Eh ! mais parlez-donc, mademoiselle ; aidez-moi.

FRANCISCA.

Je ne peux pas, ma tante.

THERESINA, *haut.*

Dépêchez-vous de finir vos affaires, pour être ensuite tout entier à la fête. Ah ! Grégorio, quel beau jour pour moi.

FRANCISCA, *à part en sortant.*

Ah ! quel bonheur ! moi qui n'avais été au bal qu'avec répugnance. (*Elles sortent.*)

SCÈNE XIV.

RIFADOR, GREGORIO, NUNÈS *passant à la gauche de Tenorio en saluant les dames.*

RIFADOR.

Et quoi, vous ne voulez pas que votre nièce aille au bal, et vous souffrez qu'on vous donne une fête.

GREGORIO.

C'est bien différent, c'est chez moi ; il s'agit de célébrer une époque triplement heureuse.

RIFADOR.

J'en conviens, et je me propose de bien me divertir.

GREGORIO.

Vous me dites cela d'un air bien triste.

RIFADOR.

C'est ma manière ; il s'agit d'un événement très-grave.

GREGORIO.

Quoi donc ?

RIFADOR.

Un homme couvert d'un masque, enveloppé dans un domino, a été arrêté par nos alguasils, cette nuit.

GREGORIO.

Oh ! oh ! qu'avait-il fait ?

RIFADOR.

On l'avait surpris voulant escalader le balcon de l'auberge de la Fontaine-d'or ; il a refusé de répondre à toutes les questions qu'on lui a faites : il a battu la patrouille ; il s'est obstiné à ne pas ôter son masque ; Nunès n'a pas cru devoir employer la violence sans ordre de l'alcade, il l'a conduit au corps-de-garde, où il est encore.

GREGORIO.

Où il est encore ; ah ! voici donc enfin une affaire.

RIFADOR.

Allons Nunès ; raconte toi-même au seigneur alcade...

NUNÈS.

Oui, seigneur. Je ne dirai pas précisément qu'il esca-
ladait le balcon de l'auberge; mais il se préparait à l'esca-
lade. Il n'est pas constant qu'il ait battu la patrouille ;
mais il a menacé l'un de mes hommes.

GREGORIO.

Vous avez bien raison. Grande affaire, affaire délicate.

NUNÈS.

Il est fort singulier que l'habile Ténorio ne vous en ait
rien dit.

SCÈNE XV.

RIFADOR, GREGORIO, TENORIO, NUNÈS.

TENORIO, *dans le fond.*

Dressez la tente dans le jardin, préparez l'orchestre,
suspendez les guirlandes.

RIFADOR.

Vous qui savez tout, infaillible Ténorio....

TENORIO.

Pardon, seigneur greffier. Les lustres et les girandoles
de la redoute vont arriver; placez sur l'escalier les caisses
d'arbustes et de fleurs.

RIFADOR.

Répondez? Vous n'aviez donc pas parlé au seigneur
alcade d'un homme arrêté montant à un balcon.

TENORIO, *à part.*

Ah ! morbleu, la fête me l'avait fait oublier.

GREGORIO.

L'ignorais-tu? tu es coupable de ne pas le savoir; le
savais-tu? tu es coupable de ne m'en avoir rien dit.

TENORIO.

Je le savais, monsieur ; mais pourquoi songer aux

affaires dans un si beau jour ; j'ai cru devoir inviter ce jeune cavalier, le seigneur D. André.

GREGORIO.

Tu as bien fait ; mais c'est un plaisir pour moi que mon état. La fête ne commencera que dans trois ou quatre heures ; amenez-moi cet homme.

NUNÈS.

Lui ôtera-t-on son masque?

GREGORIO.

Belle question. Un moment cependant. Masqué, arrêté sous les fenêtres d'une auberge où demeure la belle Antonia ! c'est un voleur, ou c'est un amant.

RIFADOR.

C'est un voleur.

TENORIO.

C'est un amant.

GREGORIO.

Un moment. Il y a six mois, un homme fut arrêté dans la chambre même de la veuve de l'économe des pauvres; c'était un voleur qui se fit passer pour un amant.

TENORIO.

Mais il y a neuf mois qu'un amant, par discrétion, se laissa prendre pour un voleur.

GREGORIO.

Si c'est un voleur, il faut le punir ; si c'est un amant, nous ne saurions user de trop de précautions. Je soupçonne que cette étrangère est une dame de qualité, et si cet homme arrêté était ce que je suppose.... Amenez-le-moi masqué. *(Nunès va pour sortir.)* Un instant ; faut-il l'amener en chaise ou à pied? c'est encore une question.

RIFADOR.

A pied.

GREGORIO.

En chaise. On ne peut jamais se repentir d'une politesse.

NUNÈS.

A pied ou en chaise ; vos ordres seront exécutés ; le

prisonnier est sous ma responsabilité; on ne me l'enlevera pas. (*Il sort.*)

RIFADOR.

J'accompagne Nunès, occasion digne de nous. Vous verrez comme mon procès-verbal sera rédigé. (*Bas à Grégorio.*) Défiez-vous de Ténorio, je soupçonne qu'il veut du bien au prisonnier.

GREGORIO.

Laissez-donc, vous voyez des complots par-tout. Je vous attends. (*Rifador sort.*) (*A Ténorio.*) Moi je pense comme toi, c'est un amant..... Mais quelle heureuse journée, une fête, un homme arrêté ! Je vais m'habiller (*Il sort.*)

SCÈNE XVI.

TENORIO, *seul.*

Une fête, un homme arrêté, quel embarras ! Eh vîte, suivons Nunès, et, à quelque prix que ce soit, tâchons de prévenir l'interrogatoire.

SCENE XVII.

TENORIO, JUAN.

JUAN.

Les musiciens sont arrivés; mais il demandent à boire.

TENORIO.

Vas te promener, avec tes musiciens; j'ai à songer à bien autre chose.

SCENE XVIII.

TENORIO, CATALINA, JUAN.

CATALINA, *accourant.*

Ah! seigneur Ténorio, mon cher Juan, vous me voyez dans la plus vive inquiétude : le fils du seigneur alcade qui n'a pas reparu.

JUAN.

Qui n'a pas reparu!

CATALINA.

Quelle imprudence à moi ! louer à un mineur, et au fils
de l'alcade encore ! Il se sera disputé, il se sera battu.

TENORIO.

Non, il ne s'est pas battu; retournez à votre hôtel,
votre mari ira vous donner des nouvelles de votre locataire.
(*A Juan.*) Occupe-toi des préparatifs de la fête, fais ré-
péter les rôles de la pastorale à la femme et à la nièce de
l'alcade; du vin aux musiciens; je vais tâcher d'énivrer
Nunès. Eh vîte, sortez.

CATALINA.

Je sors; mais si vous tardez je reviendrai. O ciel! l'alcade ! on ne peut rien lui cacher. (*Elle sort.*)

TENORIO.

Il y a bien des choses qu'il n'a pourtant pas encore dé-
couvertes. Les intrigues se croisent, de sots projets de mariage à rompre, de tendres amours à mener à bien, un
prisonnier à faire évader, une fête à improviser; je me
roidis contre l'obstacle, et j'en triompherai. (*Il sort.*)

JUAN.

Oui, nous en triompherons.

Fin du troisième acte.

ACTE IV.

SCÈNE PREMIÈRE.

TENORIO, NUNÈS.

NUNÈS, *entrant et parlant à un de ses alguasils, qu'on ne voit pas.*

RESTEZ dans cette première chambre, un factionnaire à la porte ; il répond du prisonnier sur sa tête.

TENORIO, *suivant Nunès allant ouvrir la porte du fond, et parlant à Juan, qu'on ne voit pas.*

Juan, dès que la société sera réunie, le signal à l'or-chestre, et viens nous avertir. (*A Nunès, en s'avançant en scène.*) Donne la consigne à tes factionnaires : moi je poursuis les préparatifs de ma fête.

NUNÈS.

C'est égal. Vous n'avez pas trouvé votre homme. Jamais je ne bois quand je suis en fonctions. Vous ne verrez le prisonnier qu'en présence de l'alcade. Je suis incor-ruptible.

TENORIO, *à part.*

Que le diable t'emporte, vieil incorruptible. (*Haut.*) Excepté dans tes petits complots contre l'alcade avec l'aimable Rifador.

NUNÈS.

Point de calomnie ; vous êtes homme d'esprit, je suis homme de guerre, et je ne vous crains pas. Le voici, le seigneur Rifador.

TENORIO, *à part.*

Allons, je ne ne pourrai pas esquiver l'interrogatoire.

SCENE II.

RIFADOR, TENORIO, NUNÈS.

RIFADOR.

Que signifient les tentatives que vous avez faites auprès de Nunès pour voir le prévenu ?

TENORIO.

Vous dois-je compte de mes actions, seigneur greffier ?

RIFADOR.

Tout m'est suspect de votre part.

TENORIO.

Quoi ! même les soins que je me donne pour fêter notre bon alcade ?

RIFADOR.

Hum, cette fête imprévue nous cache encore quelque horreur.

TENORIO.

Essayez de la découvrir.

RIFADOR.

Monsieur Grégorio saura que vous avez cherché à faire évader le prisonnier.

TENORIO.

Ne perdez pas de temps pour le lui dire : il vient.

SCÈNE III.

RIFADOR, GREGORIO, TENORIO, NUNÈS.

GREGORIO, *en robe, et une baguette à la main.*

Qu'est-ce, messieurs ? Pourquoi ces querelles ? qui vous met en courroux ?

TENORIO.

Une bagatelle, seigneur alcade ; monsieur Rifador ne paraît pas goûter extrêmement que votre famille vous donne une fête.

RIFADOR.

Dites donc que c'est vous qui voudriez que monsieur Grégorio, oubliant la dignité de sa place....

TENORIO.

Est-ce qu'il l'oublie? Que chacun reste à la sienne, tout n'en sera que mieux. Pardon si je m'emporte; mais attaquer monsieur Grégorio, c'est m'attaquer moi-même : je l'aime comme un père.

GREGORIO.

Silence! Rifador, j'aime votre zèle pour ma gloire. Ténorio, j'aime votre zèle pour mes plaisirs. Nunès, qu'on introduise le prévenu.

NUNÈS.

J'y vais. (*Il sort.*)

SCENE IV.

RIFADOR, GREGORIO, TENORIO.

TENORIO, *à part.*

Il est masqué, on le croit à Salamanque. Comment se douter?... Qu'on le reconnaisse, d'ailleurs; j'ai de quoi excuser son escapade.

RIFADOR, *à Grégorio.*

Voyez-vous comme ce Ténorio a l'air préoccupé?

GREGORIO.

C'est tout simple, ma fête l'occupe. Hâtons-nous pour n'avoir plus qu'à nous livrer à la joie. Sois tranquille, Ténorio, je jugerai tout avec indulgence.

TENORIO.

Ah! l'indulgence : c'est une vertu!

RIFADOR.

C'est une faiblesse.

GREGORIO.

C'est vertu dans le commerce de la société : c'est faiblesse dans les affaires d'administration. Voici le prisonnier.

SCENE V.

NUNÈS, TENORIO, EUGENIO, GREGORIO, RIFADOR.

NUNÈS.

Allons, entrez.

TENORIO, *à part*.

C'est lui-même.

EUGENIO, *masqué et en domino*, *à part*.

Me voilà devant mon père.

TENORIO.

Avancez. (*Bas à Eugénio.*) Contrefaites votre voix. (*Haut.*) Répondez au seigneur alcade. (*Bas à Eugenio.*) Il vous prend pour le fils du corrégidor de Salamanque.

GREGORIO.

Ce masque, ce domino, lui couvrent tellement la figure et la taille....

RIFADOR.

Commençons par faire ôter le masque.

TENORIO.

C'est cela ; à moins que le seigneur alcade ne juge à propos....

GREGORIO.

Je vais d'abord l'en prier poliment ; et s'il s'y refuse, nous verrons. (*A Eugenio.*) Seigneur, voudriez-vous ôter votre masque ? (*Eugénio se tait.*) Eh bien, vous vous taisez ?

RIFADOR.

Le seigneur alcade, vous ordonne d'ôter votre masque.

EUGENIO, *contrefaisant sa voix*.

Je ne peux pas.

RIFADOR.

Ce n'est pas votre voix ordinaire.

GREGORIO.

Pourquoi la changez-vous ?

TENORIO.

Petite voix de bal.

RIFADOR.

Sommes-nous au bal ?

NUNÈS.

Il n'y faut pas tant de ménagemens ; je vais....

GREGORIO.

Point de violence ; savez-vous à qui nous avons affaire ? Qui êtes-vous ?

RIFADOR, *à Eugénio , qui se tait.*

Le seigneur alcade, vous demande qui vous êtes ; répondez , ou l'on va vous arracher le masque.

TENORIO.

Oh ! vous avez beau faire un geste d'indignation ; songez que vous êtes accusé.... Quel motif vous conduisait si tard dans les rues ?

EUGENIO.

L'amour.

TENORIO.

Au fait, il est sans armes. Avait-il des armes ?

NUNÈS.

Il avait une guitare.

TENORIO.

Instrument de paix et de plaisir ; un voleur ne prend ni masque , ni domino, pour escalader une muraille. Je sais bien qu'en Espagne, il n'y a pas de loi qui défende les sérénades ; mais enfin , cela n'en est pas moins contraire au bon ordre ; les honnêtes gens passent la nuit dans leur lit.

RIFADOR.

Si M. Ténorio voulait bien laisser le seigneur alcade faire lui-même son interrogatoire, sans se permettre de parler pour lui.

TENORIO, *passant près de Grégorio.*

Pourquoi donc cela ? vous vous le permettez bien. Je vois ce que c'est ; vous voulez sauver le prisonnier.

RIFADOR.

Moi !

TENORIO.

Oui, vous ; et faire sentir à M. Grégorio que la patrouille a fait plus que son devoir, et que le seigneur, masque ici présent, n'ayant rien fait de coupable, il faut le renvoyer ; car enfin, voilà bien un homme arrêté ; mais il n'y a point de délit.

RIFADOR.

Mon avis est, qu'on insiste pour qu'il ôte son masque ; un prévenu ! un homme qui a menacé la patrouille !

TENORIO.

Mon avis est que le seigneur alcade, dont on célèbre aujourd'hui la fête, ne songe qu'à en faire et à en recevoir les honneurs ; et qu'il laisse à moi, son agent, le soin fastidieux de faire causer cet homme, je vous en rendrai bon compte. (*Bas à Grégorio.*) Nous saurons si c'est en effet le fils du corrégidor de Salamanque, si c'est l'homme au manteau brun..... (*Haut.*) Lequel des deux conseils allez-vous suivre ?

GREGORIO.

Ni le tien, ni le sien. Je ne m'obstine pas à faire ôter le masque de force ; mais c'est moi qui vais causer avec lui. Eloignez-vous.

TENORIO.

Comment, monsieur, vous laisser seul avec un inconnu, un homme arrêté et masqué.

GREGORIO.

Eloignez-vous, et restez au fond de la salle.
(*Ténorio, Rifador et Nunès, se retirent au fond du théâtre ; Grégorio s'approche d'Eugénio.*)
Je sais qui vous êtes ; vous avez des parens dans cette ville ?

EUGENIO, *contrefaisant sa voix.*

Oui.

GREGORIO, *à part.*

Voilà ce que c'est, l'oncle chanoine. (*Haut.*) Mal-heureux jeune homme. Savez-vous les inquiétudes que vous leur causez ? Car enfin des gens moins clair-voyans, plus défians, pourraient vous prendre pour un voleur. (*Eugenio fait un geste.*) J'aime à voir que ce seul mot vous révolte et vous afflige ; j'ai un fils : jugez quelle serait ma confusion, si j'apprenais qu'il a été arrêté, conduit devant le magistrat.... Mais cela n'est pas pos-sible, parce que mon fils.... Eh bien, vous êtes ému, je crois : vous vous attendrissez. Confiez-vous à moi ; ôtez votre masque.

(*Eugénio fait signe qu'il ne peut pas.*)

GREGORIO.

Non ! prenez garde, ne m'irritez pas ; je suis pressé ; vous me dérangez ; je suis tout entier à une fête que ma famille me donne.

EUGENIO.

Une fête !

GREGORIO.

Oui, une fête ; et si vous persistez à ne pas répon-dre, je remets votre interrogatoire à demain, et je vous envoie passer la journée en prison.

SCENE VI.

LES MÊMES, JUAN.

JUAN.

Voilà la fête qui va commencer.

GREGORIO.

Comment, déja ! (*Ténorio*, *Nunès* et *Rifador se rapprochent.*)

TENORIO.

C'est trop tôt, Juan ; voilà une affaire qu'il faut ter-miner avant tout.

GREGORIO.

Beaucoup trop tôt. Ah ! mon Dieu, j'ai desiré des affaires ; mais n'est-il pas cruel qu'elles m'arrivent précisément le jour de ma fête.

JUAN.

Toute la société est déja rassemblée dans les bosquets, on n'attend plus que le seigneur Grégorio ; monsieur ne peut pas se dispenser.....

GREGORIO.

Que faire ?

RIFADOR.

En prison. (*Juan sort.*)

GREGORIO.

Un instant. Je ne suis ni si prompt ni si sévère.

TENORIO.

Rien ne périclite. On peut couper la fête par l'interrogatoire. Il y a des entr'actes.

GREGORIO.

Silence. L'envoyer en prison ! c'est bien dur. Le mettre en liberté, impossible ; il faut le tenir enfermé.... Où ?..... Dans la chambre de mon fils.

TENORIO.

Excellente idée. Il sera là comme chez lui. (*à Eugénio.*) Allons, entrez là-dedans. (*Il ouvre la porte de la chambre d'Eugénio.*

EUGENIO , *entrant.*

Dans ma chambre !

TENORIO.

Je me charge d'être son geolier.

GREGORIO , *allant fermer la porte.*

Non pas : je ferme la porte, je prends la clef, je mets le verrou, et qu'aucun de vous ne se permette de l'ouvrir sans mon ordre. (*Il met le verrou.*)

RIFADOR.

Ah ! ah ! cela vous contrarie, ami Ténorio.

TENORIO.

Cela m'arrange ; j'aime qu'on se méfie de moi.

GREGORIO, *mettant la clef dans sa poche.*

Mon fils seul en a une autre. Une chose importante ; c'est de confronter cette dona Antonia avec le prisonnier.

TENORIO.

Je l'avais invitée à votre fete ; elle a refusé.

RIFADOR.

Mais le seigneur alcade a le droit de la faire comparaître. C'est moi qui me charge de vous amener dona Antonia. Viens avec moi, Nunès.

NUNÈS.

Oui, nous saurons, nous découvrirons.... (*Il sort avec Rifador ; Juan est sorti pendant le cours de la scène.*)

GREGORIO.

Beaucoup d'égards, beaucoup de politesse. Moi, je me débarrasse de ma robe, pour me rendre aux desirs de ma société. C'est le fils du Corrégidor de Salamanque. Comme les événemens se succèdent ! Il faut une tète comme la mienne..... (*Il entre dans sa chambre.*)

SCENE VII.

TENORIO, *seul courant à la porte d'Eugénio.*

Nous sommes seuls. Seigneur Eugénio, avez-vous la double clef ?

EUGENIO, *en dedans.*

Oui.

TENORIO, *tirant le verrou.*

Ouvrez, ouvrez vîte.

SCENE VIII.

EUGENIO, *son masque à la main et le domino ouvert ;*
TENORIO.

EUGENIO.

Ah! mon cher Ténorio, quel embarras ! Ce maudit

Nunès qui s'avise de m'arrêter ! Je l'aurais tué , je crois , s'il n'avait été secouru par ses alguasils. J'avais aperçu dona Antonia derrière sa jalousie ; j'allais lui remettre une lettre. Et m'amener devant mon père ! Que faire à présent ?

TENORIO.

D'abord vous débarrasser de tout cet attirail. (*Il lui ôte le domino.*)

EUGENIO.

Mais , si mon père , poussé par Rifador , veut voir son prisonnier ?

TENORIO.

Oh , alors......

SCENE IX.

EUGENIO, JUAN, TENORIO.

JUAN , *portant une corbeille remplie de bouquets.*
Voilà des bouquets ; madame et mademoiselle me suivent.

TENORIO.

Attends, Juan ; endosse ce domino, mets ce masque.
(*Il lui fait passer le domino et lui met le masque*)

JUAN.

Ce masque ! et pourquoi donc cela ?

TENORIO.

C'est pour la fête ; c'est une surprise.

JUAN.

Prenez donc garde, vous m'étouffez.

TENORIO, *le poussant dans la chambre.*

Entre là-dedans, je t'enferme ; ne crie pas, ne dis pas un mot.

JUAN.

Comment, vous m'enfermez !

TENORIO.

Je découvre ton mariage si tu parles ; si tu te tais, monsieur te fait ta fortune.

JUAN, *entrant dans la chambre.*

Je me tais.

TENORIO.

Dors, ou fais semblant de dormir.

(*Il ferme la porte, remet le verrou, et rend*
la clef à Eugénio.)

EUGENIO.

Eh mais, que feras-tu de lui ?

TENORIO, *donnant un bouquet à Eugénio.*

Nous y penserons, nous le chercherons ; mais il faut
que l'alcade trouve quelqu'un à votre place ; maintenant
prenez ce bouquet ; secondez-moi. (*Il appelle.*) Monsieur Grégorio, seigneur alcade.

SCÈNE X.

GREGORIO, TENORIO, EUGENIO.

GREGORIO, *sortant de sa chambre.*

Eh bien qu'est-ce ? que me veux-tu ?

TENORIO.

Quand je vous disais que la fête serait complète ;
voilà monsieur votre fils.

GREGORIO.

Mon fils !

EUGENIO.

Oui, mon père ; me voici.

TENORIO.

Il descend de cheval. Il avait fait semblant de partir
pour Salamanque..... C'est-à-dire, il y a été en effet,
comme vous l'avez trop bien deviné, pour chercher des
chanteurs et des musiciens : il se trouve qu'ils sont tous
retenus ou enrhumés ; mais ceux de Molorido nous suf-
firont ; et puis, il a fait en route des couplets charmans.

EUGENIO.

Oh ! charmans.

TENORIO.

Et il est le premier à vous offrir son bouquet.

GREGORIO, *embrassant Eugénio.*

C'est vrai, tu es le premier ; que je t'embrasse, mon ami.

TENORIO, *passant à gauche d'Eugénio.*

Madame et mademoiselle avaient voulu lui faire un mystère... ; mais il a tout deviné ; il tient de vous.

GREGORIO.

C'est vrai ; et l'on peut bien dire qu'il n'y a que toi qui me causes une véritable surprise. Tu seras alcade.

TENORIO.

Ce n'est pas ce que desire M. Rifador.

GREGORIO.

Oh, Rifador, il n'aime pas les fêtes.

EUGENIO,

C'est bien mal à ma mère et à ma cousine de ne pas m'avoir mis dans leur confidence.

GREGORIO.

Oh oui, tu les gronderas. Les voici.

SCENE XI.

FRANCISCA, THERESINA, GREGORIO, TENORIO, EUGENIO.

THERESINA, *des bouquets à la main.*

Venez, cher Grégorio ; toute la société vous attend ; et daignez recevoir nos vœux et nos bouquets.

GREGORIO.

J'ai déja reçu celui de mon fils.

THERESINA.

Mon fils !

FRANCISCA.

Mon cousin !

EUGENIO.

Ah ! ma mère, vous voulez donner des fêtes à mon père à mon insu.

THERESINA.

Ah ! mon fils, vous feignez de partir pour Sala-manque.

GREGORIO.

Vous vous trompiez tous mutuellement; et pour qui? pour moi. C'est enchanteur. Un instant; un coup-d'œil à mon prisonnier.

(*Il va regarder à travers les rideaux de la porte vitrée de la chambre de son fils.*)

THERESINA, *bas à son fils.*

Ah fripon, ne vas pas dire à ton père que nous avons été au bal, cette nuit.

EUGENIO.

Vous avez été au bal, ma mère !

GREGORIO, *revenant.*

Il s'est endormi. Mon fils, la clef de ta chambre.

TENORIO, *à part.*

Diable.

EUGENIO, *lui donnant la clef.*

La voilà.

GREGORIO.

Je la garde. Avant ce soir, je te l'aurai rendue. Daigne accepter ma main, chère épouse; je suis dans l'ivresse; venez mes enfans. Ténorio, aie l'œil sur cette porte; je reviens bientôt terminer avec le prisonnier.

(*Il sort avec sa femme.*)

TENORIO.

Soyez tranquille, monsieur; il ne s'enfuira pas.

SCENE XII.

FRANCISCA, TENORIO, EUGENIO.

TENORIO, *retenant Eugénio et Francisca.*

J'ai deux mots à vous dire. (*A Francisca.*) D. André de Caravajal va venir à la fête : c'est l'inconnu que vous avez retrouvé cette nuit au bal ; il vous adore. (*A Eugenio.*) La belle Antonia va venir ici, conduite par Rifador, pour être confrontée avec le prisonnier. J'ai dans l'idée qu'elle vous aime presque autant que vous l'aimez.

FRANCISCA.

Quoi, mon cousin ; vous si sage, vous trompez mon oncle !

EUGENIO.

Quoi, ma petite cousine ; toi si innocente, tu as une inclination à l'insu de mon père !

TENORIO.

Donc, vous n'avez rien à vous reprocher.

FRANCISCA.

Mais quel est donc ce prisonnier ?

TENORIO.

Nous songerons à le faire sortir. Ne vous troublez pas, ne vous trahissez pas ; voici le seigneur D. André. (*Il va au-devant de lui.*)

FRANCISCA.

Ah ! mon cousin, si vous saviez comme il est aimable ?

EUGENIO.

Ah ! ma cousine, quand tu connaîtras la charmante Antonia...

SCENE XIII.

TENORIO, FRANCISCA, EUGENIO, D. ANDRÉ.

TENORIO.

Entrez, entrez, monsieur ; je vous ai tout dit. C'est mademoiselle que vous avez retrouvée au bal ; elle est

nièce de l'alcade , et voici son fils , M. Eugenio, qui
ne demande pas mieux que d'être votre ami. (*Il passe
à la droite de Francisca.*)

D. ANDRÉ.

Ah , monsieur , qu'il me serait doux d'obtenir ce
titre !

EUGENIO.

Je déteste trop Rifador et sa fille pour que vous ne
m'inspiriez déja beaucoup d'estime.

D. ANDRÉ.

Ce que l'honnête Ténorio a bien voulu me faire entendre serait-il vrai, mademoiselle ? Aurais-je le bonheur
de ne pas vous être indifférent ?

FRANCISCA.

J'ignore, monsieur , ce que Ténorio a pu vous dire;
mais.... (*A Eugénio.*) Ah, mon cousin, je voudrais bien
ne pas épouser M. Rifador.

EUGENIO.

Ah, cher don André , si j'étais aussi sûr du cœur de la
belle Antonia, que vous l'êtes de celui de ma cousine...

D. ANDRÉ.

Antonia ! dites-vous ? Se pourrait-il ? Quel nom !

TENORIO.

Elle vient avec Rifador.

SCENE XIV.

TENORIO, FRANCISCA, EUGENIO,
RIFADOR, D. ANDRÉ, Dona ANTONIA.

RIFADOR , *parlant de la coulisse.*

Oui , madame , il ne s'agit que d'une petite confron-
tation.

Dona ANTONIA.

Quel homme bizarre que votre alcade ! m'envoyer
chercher pour sa fête par son greffier.

D. ANDRÉ.

C'est elle-même , c'est ma sœur !

Dona ANTONIA.

Ciel ! que vois-je ? mon frère. (*Ils s'embrassent.*)

TENORIO.

Je ne m'attendais pas à la reconnaissance.

RIFADOR, *voyant D. André.*

Qu'est-ce que c'est que cet homme-là ?

FRANCISCA.

Son frère.

EUGENIO.

Quel bonheur !

RIFADOR, *voyant Eugénio.*

Eugénio ! je le croyais à Salamanque. (*Il passe à la droite de Ténorio.*)

D. ANDRÉ.

Toi ici, ma chère Antonia ! j'espérais te trouver à Madrid.

Dona ANTONIA.

En arrivant à Molorido, je t'ai écrit, et j'attendais ta réponse.

TENORIO.

Le hasard nous sert encore mieux que mon adresse.

RIFADOR, *à part.*

Est-ce un jeu ? Est-ce un complot ? Je cours prévenir l'alcade. (*Il sort.*)

SCENE XV.

TENORIO, FRANCISCA, EUGENIO, D. ANDRÉ, Dona. ANTONIA.

EUGÉNIO.

Seigneur don André, j'implore à mon tour votre amitié ; servez-moi auprès de votre charmante sœur.

Dona ANTONIA.

C'est vous, malheureux jeune homme ! que je suis aise de vous voir en liberté !

D. ANDRÉ.

Ah ! ma sœur, aime-le , je t'en conjure ; et tâche de me faire aimer de son aimable cousine.

Dona ANTONIA.

Sa cousine !

TENORIO.

Ce jeune homme qui depuis dix jours vous suit par-tout est fils de l'alcade et cousin de mademoiselle ; il vous aime , votre frère aime sa cousine, vous vous convenez parfaitement ; il ne s'agit que d'obtenir le consentement de monsieur Grégorio.

EUGENIO.

Nous l'aurons.

TENORIO.

Jamais, tant que Rifador aura quelque pouvoir sur son esprit.... Chut, j'entends l'alcade.

SCÈNE XVI.

FRANCISCA, EUGENIO, TENORIO, GREGORIO, D. ANDRÉ, Dona ANTONIA, RIFADOR.

RIFADOR.

Tenez, les voilà.

GREGORIO, *en entrant.*

Je suis à vous dans l'instant, messieurs et mesdames. (*A D. André.*) Eh quoi, seigneur D. André, madame est cette sœur que vous alliez chercher à Madrid ! Que je me félicite que votre reconnaissance , que votre rencontre , se fassent dans ma maison , le jour de ma fête précisément.

RIFADOR, *à part.*

Allons, le voilà qui fait des politesses à ces gens-là.

TENORIO.

J'ai peine à revenir de mon émotion ; si vous saviez comme votre fils et votre nièce ont été attendris de la reconnaissance, il n'y a pas jusqu'à M. Rifador....

RIFADOR.

Moi, attendri !

GREGORIO.

Et moi, qui croyais d'abord que madame était votre inconnue ; mais vous ne pouvez pas manquer de la retrouver parmi les personnes invitées à ma fête.

RIFADOR.

Mais enfin, ce prisonnier arrêté sous les fenêtres de madame ! qui vous assure qu'on ne l'a pas fait évader ?

GREGORIO, *montrant Juan à travers les rideaux.*

Evader ; tenez le voyez - vous qui dort ? C'est tout simple, il a passé la nuit au bal, ou dans la rue. Mais vous avez raison, voilà le moment de nous en occuper.

TENORIO.

Et, laissons ce pauvre jeune homme ; n'est—ce pas le cas d'une amnistie ? (*Grégorio fait un mouvement d'improbation.*) Mais non, ce n'est pas votre avis : Eh bien, qu'il reste enfermé ; et nous, retournons à la fête. Tenez, voilà madame qui s'impatiente de ne pas vous voir.

SCÈNE XVII.

TENORIO, FRANCISCA, THERESINA, GREGORIO, EUGENIO, D. ANDRÉ, Dona ANTONIA, RIFADOR.

THERESINA.

Eh ! mais venez donc, M. Grégorio ; on vous donne une fête, et vous vous éclipsez ! On vous attend pour commencer le fandango.

GREGORIO.

Ah ! le fandango ! une danse que j'adore.

THERESINA.

Et ce malheureux Juan, où se cache-t-il ? (*Elle appelle.*) Juan, Juan.

TENORIO.

Ne l'appelez pas, madame, il va paraître.

GREGORIO.

D'abord, ma chère amie, permets que je te présente deux personnes que j'ai invitées en ton nom, le seigneur D. André de Caravajal, et sa sœur dona Antonia.

THERESINA.

Présentées par vous, elles sont les bien-venues. (*Ténorio distribue à tout le monde les bouquets qui se trouvent dans la corbeille que Juan a apportée.*)

GREGORIO, *bas à sa femme.*

Le frère est un jeune cavalier qui, cette nuit au bal, a retrouvé une certaine inconnue..... Je te conterai cela. (*Bas à son fils.*) Cette belle étrangère est éperduement aimée par un jeune mauvais sujet, que je tiens-là, enfermé dans ta chambre. Si tu savais qui je soupçonne......

RIFADOR.

Avant de commencer le fandango, il me semble que le devoir....

GREGORIO.

C'est juste ; laissez-moi seul, je vous rejoins tout-à-l'heure.

TENORIO.

Eh ! monsieur, tout languit sans vous, rien ne peut se faire sans vous, il faut que tout marche de suite. (*Allant ouvrir la porte du fond.*) Allons, messieurs de l'orchestre, partez ; et vive l'alcade de Molorido.

RIFADOR.

Suspendez les jeux, suspendez les danses, il faut savoir....

TENORIO, *au milieu.*

Après le fandango ; tenez, l'entendez-vous qui commence. (*On entend le fandango.*)

GREGORIO, *commençant à danser.*

C'est cela, c'est cela même ; un bon Espagnol ne peut l'entendre sans se mettre en danse.

RIFADOR.

Allons, je ne saurai rien. Damné Ténorio !

GREGORIO.

D. André, la main à ma femme ; belle Antonìa, daignez accepter la mienne ; Rifador, la main à ma nièce. (*Il chante et danse.*). Ta la la la la rela.

RIFADOR, *passant à droite de Francisca.*

Maudites gens, ils me feront rire et danser, en dépit que j'en aie. (*Il danse et chante de mauvaise grace.*) Ta la la la la rela.

TENORIO.

J'étais sûr de mon fait , quand des espagnols entendent le fandango , il n'y a point d'affaires qui tiennent. Allons, messieurs, allons mesdames, ta la la la la ralala. (*Il sort en dansant et jouant des castagnettes. Tous les personnages le suivent en dansant et chantant.*)

Fin du quatrième acte.

~~~~~~

ACTE V.

SCÈNE PREMIÈRE.

FRANCISCA, EUGENIO, TENORIO, D. ANDRÉ, Dona ANTONIA.

TENORIO.

La pastorale a enlevé tous les suffrages, le bal champêtre est déja animé , la fête va fort bien , songeons à
nos affaires. L'alcade va vouloir continuer l'interrogatoire du prisonnier. (*Allant parler à Juan par le trou
de la serrure.*) Patience , mon pauvre Juan. Pas d'autre
moyen de le faire sortir que de casser les vitres, ou de
briser la porte. Comment rompre les projets de Rifador ?
voilà le point capital.

D. ANDRÉ.

Je lui cherche querelle, je le force à se battre.

EUGENIO.

Partez avec madame pour Madrid , je vous y suis avec
ma cousine.

TENORIO.

Beaux moyens! un enlèvement , un duel avec un greffier. Il faut le perdre dans l'esprit de l'alcade, il faut
vous faire aimer de monsieur Grégorio. Je ne me trompe
pas : l'alcade vient dans cette chambre avec Rifador.

FRANCISCA.

Ah Dieu ! s'ils nous surprennent....je tremble.

EUGENIO.

Il faut nous cacher.

TENORIO.

Où ?

FRANCISCA.

Dans ce cabinet. (*Elle se cache aussitôt dans le cabinet de l'alcade.*)

Doña ANTONIA.

Derrière cette porte. (*Elle se cache derrière la porte d'entrée.*)

D. ANDRÉ.

Derrière ce rideau. (*Il se cache derrière celui de la chambre où est enfermé Juan.*)

EUGENIO.

Dans cette armoire. (*Il se cache dans une des armoires.*)

TENORIO.

Sous cette table. (*Il se cache sous la table sur laquelle écrivait Rifador.*)

SCENE II.

LES MÊMES, *cachés*; RIFADOR, GREGORIO, *entrant par la porte du fond.*

GREGORIO.

Ah ! la jolie fête, la jolie fête ! Ma femme et ma nièce ne savaient pas très-bien leurs rôles ; mais leur défaut de mémoire leur donnait une grace de plus. Et ce Ténorio : sa grande aria italienne, son vaudeville allemand ! je n'entendais pas les paroles , mais c'était si gai, si sentimental.

RIFADOR.

Soyez sûr de ce que je vous dis , on vous trompe.

GREGORIO.

On ne me trompe pas , je ne me trompe pas, je ne peux pas me tromper. Et ce fandango , et ces couplets, et tout ce monde réuni pour me rendre ses hommages ! Il faut que ma femme ait fait ses préparatifs depuis bien long-temps, pour que tout soit si bien ordonné. Ce Ténorio est un habile homme. Je m'adresserai à lui pour une fête qu'à mon tour je veux donner à ma femme ; mais elle ne devinera rien, elle ; la surprise sera complète.

RIFADOR.

Que je souffre de voir un alcade, un homme que j'estime, mon ami, aussi confiant, aussi dupe.

GREGORIO.

Allons, nous y voilà encore. Savez-vous, mon cher greffier, que je commence à me lasser de vos remontrances. Il sied bien à un inférieur... Si j'étais homme à croire aux propos qui me sont revenus sur votre compte...

RIFADOR.

Pardon, c'est le soin de votre gloire qui m'anime et qui m'emporte. J'ai des ennemis : l'attachement que je vous ai voué m'a fait beaucoup d'ennemis. Ah Dieu ! qui plus que moi sait rendre justice à vos lumières, à votre génie supérieur !

GREGORIO.

Mon génie supérieur ! eh bien, soit : vous m'aimez, et je vous estime ; mais enfin, il faut que je retourne à la fête, j'en suis l'âme. Je ne me donne pas le temps d'achever l'interrogatoire du prisonnier ; qu'avez-vous à me dire ?

RIFADOR.

Qu'il y a ici machination, intrigue, complot.

GREGORIO.

Que machine-t-on ? quels sont les intrigans ? contre qui complote-t-on ?

RIFADOR.

Je n'en sais rien ; mais il y a quelque chose.

GREGORIO.

Quoi ?

RIFADOR.

Je n'en sais rien ; mais défiez-vous de Ténorio, de votre famille, des étrangers qui se sont introduits chez vous, de tout le monde. Cette fête que votre femme vous donne, c'est un piége ; votre fils revenu de Salamanque, c'est un mensonge ; ce D. André et cette dona Antonia qui se disent frère et sœur ; cela n'est pas clair ; Et ce prisonnier, dont on vous fait suspendre l'interrogatoire ; et Ténorio, qui met en train toutes ces manœuvres. En vérité, je crois qu'il n'y a que moi, Nunès et vous qui soyons innocens dans cette maison.

GREGORIO.

Ah, l'on m'en fait accroire à moi ! et qui ? Ténorio ? un garçon d'esprit, qui sait apprécier le mien ; une femme qui m'adore et me donne une fête ; un fils, le jeune homme le plus studieux, le plus tendre des fils : je n'ai pas la même confiance en D. André et dona Antonia : ils ne m'ont dit que ce qu'ils ont bien voulu me dire ; mais je les surveille ; mais je les ferai surveiller ; mais ma famille n'a rien de commun avec eux ; mais ma nièce vous adore ; mais mon fils aime votre fille. Quant au prisonnier, il est là, il ne peut pas échapper. Dissipez donc vos soupçons, et retournons à la fête.

RIFADOR.

Un seul mot. Voulez-vous que ni vous ni moi ne soyons victimes.

GREGORIO.

Parbleu !

RIFADOR.

Vous tenez toujours au projet de notre double alliance ?

GREGORIO.

Certe.

RIFADOR.

Voilà votre fils revenu ; terminons.

GREGORIO.

Je le veux.

RIFADOR.

Signons les deux contrats.

GREGORIO.

Demain ,... aujourd'hui.

RIFADOR.

Aujourd'hui, si vous l'exigez.

GREGORIO.

Je l'exige, je l'ordonne.

RIFADOR.

Je fais sortir ma fille du couvent, j'amène le notaire dans un quart-d'heure.

GREGORIO.

Allez... Attendez. Je vous fais sortir par la petite porte, pour que vous soyez plutôt de retour; et, réflexion faite, je reviens tête-à-tête interroger le prisonnier. Du secret jusqu'à la conclusion.

RIFADOR.

Soyez tranquille.

GREGORIO.

Vous voyez bien que je ne me laisse pas mener.
(*Il sort avec Rifador par la porte secrète, à droite de l'acteur.*)

SCÈNE III.

FRANCISCA, EUGENIO, TENORIO, D. ANDRÉ, Dona ANTONIA.

Dona ANTONIA, *sortant de sa cachette.*
Ils sont partis.

EUGENIO, *sautant au bas de l'armoire.*
Maudit Rifador.

D. ANDRÉ, *sortant de sa cachette.*
Il va chercher le notaire.

FRANCISCA, *sortant de sa cachette.*
Que faire Ténorio ?

TENORIO, *sortant de dessous la table.*
C'est à quoi je rêve. Allez-vous-en. Sortez.

EUGENIO.

Comment ?

TENORIO.

Allez-vous divertir, je vais intriguer pour vous.

Dona ANTONIA.

Nous divertir !

FRANCISCA.

Ah ! j'ai bien peur....

TENORIO.

Permettez. (*A don André et dona Antonia.*) Avez-vous quelques papiers, quelques certificats qui prouvent votre naissance, votre état ?

D. ANDRÉ.

Voici mon porte-feuille.

Dona ANTONIA

J'ai laissé le mien à mon hôtel.

TENORIO.

Eh vîte, que monsieur votre frère aille le chercher.

EUGENIO.

Mais quel est ton dessein ?

D. ANDRÉ.

Expliquez-nous....

TENORIO.

Sortez, sortez. Il ne faut pas qu'on nous surprenne de nouveau. (*Ils sortent.*)

SCENE IV.

TENORIO *seul.*

Ce cher alcade, rien ne lui échappe, et sans qu'il s'en doutât, sa conversation était écoutée par cinq personnes, sans compter celui qui est enfermé dans cette chambre. Je ne pense plus à le faire sortir. Il faut que tout se découvre ; il faut que l'alcade reconnaisse qu'il a été trompé. Mais comment l'amener à ce que nous voulons. Le diable m'emporte, si je sais ce que je vais faire. (*Il remonte la scène.*)

SCENE V.

GREGORIO, TENORIO.

GREGORIO, se croyant seul.

Ma femme danse , on ne fait pas attention à moi ;
occupons-nous du prisonnier. Ah! te voilà , Ténorio.

TENORIO.

Ah! monsieur , que je vous trouve à-propos ! Je
mène tout de front, moi. Après avoir joué mon rôle dans
la pastorale , et voyant tous nos jeunes gens en train de
danser , j'ai cru devoir profiter de ce moment pour faire
ma ronde dans la ville. Je n'étais pas fâché de prendre
des renseignemens sur ce masque arrêté, sur cette étrangère , sur ce jeune cavalier : j'ai tout découvert, je sais
tout , et j'allais de ce pas vous faire mon rapport.

GREGORIO.

Qu'as-tu decouvert ? que sais-tu ?

TENORIO.

Ce que vous aviez si bien deviné vous-même : que ce
jeune homme arrêté est en effet le fils du corrégidor de
Salamanque , qui meurt d'amour pour la belle Antonia ;
que l'inconnue de D. André est en effet la petite Sétenilla , la fille du vieux major D. Fernand.

GREGORIO.

Celui qui se moque de moi quand je lui dis que je
sais tout ce qui se passe dans les familles ?

TENORIO.

Précisément. Eh vite , j'ai cru devoir prévenir le père
de la fille , l'oncle du jeune homme ; j'ai dit que je
venais en votre nom , de votre part ; vous me le par-
donnerez. Ils m'ont remercié , ils m'ont chargé de vous
remercier. Dès que le vieux major aura fini sa partie
de piquet, il accourt. Le chanoine dépêche son bréviaire ,
et il est ici. Ils s'en rapportent à vous, ils vous con-
fient leurs intérêts, ils vous supplient de parler raison ,

sentimens , convenances à la petite-Sétenilla , qui justement se trouve à votre fête, et au jeune homme que vous tenez renfermé. Il appartient à un magistrat aussi distingué , aussi éclairé , d'arrêter les complots, de réprimer les passions , de protéger les mœurs , d'assurer le repos des familles.

GREGORIO.

C'est ce que j'ai fait, c'est ce que je veux faire ; mais pourquoi les parens n'approuvent-ils pas les amours des jeunes gens ?

TENORIO.

Eh monsieur, comment voulez-vous ?... Un jeune cavalier qui passe dans cette ville pour aller à Madrid , un intrigant peut-être qui veut enlever une jeune héritière. Une étrangère qui tombe des nues à Molorido , pour y trouver son frère à point nommé.

GREGORIO.

Une coquette peut-être, qui veut épouser un fils de famille.

TENORIO.

Ah ! s'ils étaient vraiment de l'honorable maison des Caravajals, s'ils étaient vraiment le frère et la sœur.... Il n'y a point de famille à Molorido qui ne se fît honneur de s'allier à eux. L'alcade lui-même.... N'est-il pas vrai , monsieur ?

GREGORIO.

Parbleu ! Ce n'est pas que mes engagemens avec Rifador....

TENORIO.

Mais ce jeune homme , est-il le véritable don André ? cette dona Antonia, est-elle sa sœur ? Supposons la chose, il y a de très-bonnes familles pauvres ou ruinées ; bref, monsieur est trop sage pour ne pas prendre le parti d'éclairer d'abord les deux jeunes gens sur le danger qui les menace. Vous allez parler au jeune homme , je vais vous chercher la petite fille.

GREGORIO.

Point du tout, tu vas m'amener D. André et dona Antonia.

TENORIO, *à part.*

Je le tiens. (*Haut.*) Il ne m'appartient pas de chercher à pénétrer les vues sages et profondes de mon alcade. il me semble pourtant…. Dans l'instant vous allez les voir. (*Il sort.*)

SCENE VI.

GREGORIO, *seul.*

Ah je ne sais sien ; il y a des choses qui m'échappent. Belle et noble manière de me venger des railleries du vieux major ; grande et belle occasion de signaler mes talens aux yeux du corrégidor de Salamanque. Il faut avant une heure que don André et dona Antonia de Caravajal soient honorablement mariés, ou que les intrigans qui ont usurpé ce beau nom, soient chassés de la ville que je gouverne.

SCENE VII.

Dona ANTONIA, GREGORIO, D. ANDRÉ, TENORIO.

TENORIO.

Voici le seigneur don André et la belle Antonia.

GREGORIO.

Approchez, répondez. (*A don André.*) Vous avez retrouvé votre inconnue à mon bal ?

D. ANDRÉ.

Oui seigneur.

GREGORIO.

Vous l'aimez ?

D. ANDRÉ.

Pour la vie.

GREGORIO.

C'est en légitime mariage que vous prétendez à elle ?

D. ANDRÉ.

Pouvez-vous me faire l'injure d'en douter ?

GREGORIO.

Il suffit. (*A dona Antonia.*) Le jeune homme arrêté cette nuit sous vos fenêtres vous aime ?

Dona ANTONIA.

Je le crois.

GREGORIO.

Vous l'aimez !

Dona ANTONIA.

Seigneur....

GREGORIO.

Répondez sans détour ; mon âge, ma qualité, votre intérêt, vous le permettent, vous en font une loi.

Dona ANTONIA.

Eh bien, seigneur alcade....

GREGORIO.

Eh bien...?

Dona ANTONIA.

Je n'ai pu m'empêcher d'être sensible à ses soins.

GREGORIO.

Fort bien. (*A don André.*) Votre passeport ?

D. ANDRÉ.

Vous l'avez vu.

GREGORIO.

Montrez-moi votre passeport.

TENORIO.

Montrez votre passeport.

D. ANDRÉ, *montrant son passeport.*

Le voilà.

GREGORIO, *l'examinant.*

Il est très-bon.... Je l'ai visé ; mais on a vu parfois des gens adroits se procurer, s'approprier des papiers....; Je ne parle pas pour vous.

7

D. ANDRÉ.

Quels soupçons !.

GREGORIO.

Ne vous emportez pas ; je ne veux que votre bien, si vous êtes honnête. Auriez-vous quelque autre preuve que vous êtes vraiment de la famille des Caravajals, que madame est votre sœur,

Dona ANTONIA, *montrant son contrat de mariage.*

Mon contrat de mariage avec le cruel qui me força de fuir.

D. ANDRÉ, *donnant son brevet.*

Et mon brevet de capitaine.

GREGORIO, *les examinant.*

C'est évident ; c'est positif : et votre fortune est considérable ?

D. ANDRÉ.

Très-considérable. Le notaire de Molorido a connaissance de tous nos biens : son père a été l'homme d'affaires de toute notre famille.

GREGORIO.

C'en est assez. Ténorio, va chercher le chanoine ; amène-moi le vieux major. (*A don André.*) Vous obtiendrez celle que vous aimez. (*A Dona Antonia.*) Vous épouserez le jeune homme qui vous aime ; je donne la liberté à notre jeune prisonnier. (*Il va ouvrir la porte de la chambre où Juan est enfermé.*)

Dona ANTONIA.

Que veut-il dire ?

D. ANDRÉ.

Qu'est-ce que cela signifie ?

TENORIO.

La bombe va éclater.

SCÈNE VIII.

LES MÊMES, JUAN, *masqué*.

GREGORIO, *amenant Juan*.

Venez, venez, seigneur.

JUAN.

Seigneur !

GREGORIO.

Vous pouvez ôter votre masque ; ne rougissez pas de
votre inclination ; je me charge de la faire approuver par
votre illustre père ; je l'approuverais moi-même s'il
s'agissait de moi, de ma nièce, de mon fils.

D. ANDRÉ.

Eh mais, monsieur, c'est votre charmante nièce que
j'adore.

Doña ANTONIA.

C'est votre fils qui depuis dix jours s'attache à me
suivre par-tout.

GREGORIO.

Ma nièce ! mon fils ! cela n'est pas possible.

SCÈNE IX.

CATALINA, GREGORIO, D. ANDRÉ,
Doña ANTONIA, TENORIO.

CATALINA, *accourant*.

Ah ! seigneur alcade, j'implore ma grace ; il faut tout
vous découvrir. Votre fils.....

GREGORIO.

Eh bien, mon fils ?....

CATALINA.

Depuis hier il a disparu, je ne sais ce qu'il est de-
venu.

SCÈNE X.

NUNÈS, CATALINA, FRANCISCA,
THERESINA, EUGENIO, GRÉGORIO,
JUAN, TENORIO, D. ANDRÉ Dona AN-
TONIA.

(*Nunès entre par le côté, Francisco, Thérésina et Eugénio par le fond.*)

NUNÈS, *se plaçant près de Grégorio.*

Je tiens le fil du complot, seigneur alcade. C'est votre
fils qui a été arrêté cette nuit sous les fenêtres de l'auberge de la Fontaine d'or.

GREGORIO, *apercevant son fils qui entre.*

Mon fils arrêté, disparu ! et le voilà.

EUGENIO.

Ciel ! Catalina !

NUNÈS, *passant à droite de Catalina.*

Ah ! ah !

CATALINA, *surprise de voir Eugénio.*

Pas possible.

GREGORIO, *à Juan.*

Seigneur masque, je vous somme de déclarer qui vous
êtes.

JUAN, *se démasquant.*

Moi, monsieur ! je suis Juan.

GREGORIO, *surpris.*

Juan !

CATALINA.

Mon mari !

GREGORIO, *plus surpris.*

Votre mari !

JUAN, *se jetant aux genoux de l'alcade.*

Ah ! seigneur alcade, ayez pitié de moi. Si j'étais là-
dedans, ce n'est pas ma faute ; si j'ai violé le serment

que je vous avais fait de ne pas me marier, ce n'est pas
ma faute..... Il faut tout vous dire..... C'est Ténorio.....

TENORIO.

Alte-là ! je saurai bien m'accuser tout seul, (*Juan va
à gauche de Catalina*) Oui, seigneur, c'est moi qui ai
marié votre valet; mais le serment qu'il vous a fait de
rester garçon était téméraire. C'est moi qui vous ai laissé
croire que monsieur votre fils partait pour Salamanque;
qui lui ai loué une petite chambre garnie chez Catalina;
qui l'ai fait sortir de celle où vous l'aviez enfermé; qui
ai mis Juan à sa place; mais en favorisant son amour
pour madame, je lui procure un excellent mariage. C'est
par mon entremise que madame et mademoiselle ont passé
la nuit au bal de la Redoute; mais c'est à ce bal que mademoiselle a eu le bonheur de retrouver un charmant
cavalier qu'elle avait déja remarqué cet automne, à la
campagne de sa tante Léonore; mais il en résulte que
madame et mademoiselle vous donnent une fête déli-
cieuse. Je vous ai trompé, mais pour votre bien; mes in-
tentions sont pures, les résultats sont heureux, je ne
crains pas d'avouer mes actions.

GREGORIO.

Ah ! scélérat.

NUNÈS.

Que de noirceurs ! Grace au ciel, le voilà perdu.

GREGORIO.

Comment, ma femme, vous avez été au bal !

TENORIO.

Madame est innocente; c'est moi seul qui suis coupable. Aller au bal, est-ce un si grand crime? La fête
que nous vous donnons n'en part pas moins du fond
du cœur.

GREGORIO.

Je suis stupéfait.... Quoi ! ma femme, mon fils, ma
nièce, mon valet, mon fidèle agent !

D. ANDRÉ.

Seigneur alcade, c'est vous-même qui m'avez envoyé au bal.

Dona ANTONIA.

Tout-à-l'heure vous avez fait espérer à mon frère qu'il obtiendrait son inconnue.

THERESINA.

Votre fils et votre nièce viennent de se confier à moi. Ils aiment, ils sont aimés.

GREGORIO.

Non, non, non. N'espérez pas me fléchir; mes engagemens avec Rifador sont sacrés.

TENORIO.

Eh ! monsieur, Rifador est vieux, monsieur est jeune ; sa fille est sotte, mademoiselle est aimable. La source de sa fortune est obscure et suspecte, celle de monsieur et de mademoiselle est honorable et claire. Rifador est détesté, monsieur est aimé ; et l'inclination, monsieur, l'inclination ! C'est à votre amour pour madame que vous devez le constant bonheur de votre ménage. Vous me l'avez dit vous-même ; vous auriez enlevé madame de chez son père, elle aurait consenti à vous suivre, si vos parens avaient refusé de vous marier. N'exposez pas votre fils, votre nièce, à des démarches.... Ah ! monsieur, l'inclination ! Peut-il exister un bon mariage sans une inclination réciproque.

GREGORIO.

Effronté personnage !..... Il y a du vrai dans ce qu'il vient de dire.

TENORIO, *vivement*.

Remerciez votre père, embrassez votre mari ; il vous pardonne, il me pardonne, il nous pardonne à tous.

NUNÈS.

Ah ! ce pauvre M. Rifador !

SCÈNE XI et dernière.

NUNÈS, CATALINA, JUAN, FRAN-
CISCA, THÉRÉSINA, GREGORIO,
RIFADOR, TENORIO, D. ANDRÉ,
EUGENIO, Dona ANTONIA.

RIFADOR, *entrant par le fond.*

Ma fille sera ici demain matin. Le notaire vous attend
dans la première chambre.

TENORIO.

Il arrive à propos pour faire le contrat de mariage
de mademoiselle avec le seigneur D. André.

EUGENIO.

Et le mien avec la belle Antonia.

RIFADOR, *stupéfait.*

Plaît-il ?

GREGORIO.

Ma foi, mon cher Rifador.... des considérations ma-
jeures.... votre âge.... l'amour de ma nièce et de mon
fils pour monsieur et madame.... Que vous dirais-je ?

RIFADOR.

Quand je vous disais que vous étiez trompé de tous
côtés.

GREGORIO.

J'en suis honteux ; mais c'est vrai.

TENORIO, *passant devant Rifador.*

C'est nous qui devons rougir ; c'est votre confiance
en nous qui absorbait pour ainsi dire tout votre esprit.
Si vous avez ignoré les innocentes aventures de votre
famille, vous n'en êtes pas moins un alcade vigilant,
clairvoyant, instruit à point nommé de tout ce qui
arrive dans la ville. Allons procéder aux deux contrats,
et finir, par ces heureuses fiançailles, la fête de l'alcade
de Moloride.

GREGORIO.

Soit ; mais désormais je saurai ce qui se passe chez
moi.

FIN.

OUVRAGES NOUVEAUX *qui se trouvent chez le même Libraire.*

Les Oisifs, comédie épisodique en un acte et en prose, par L. B. Picard, 1 fr. 25 c.

Le Rival par amitié, vaudeville en 1 acte, par Dumolard et Favard, 1 fr. 20 c.

Le Bavard et l'Entêté, comédie en un acte, en vers, par Barjaud et D***, 1 fr. 25 c.

Monval et Sophie, drame en trois actes et en vers, par Aude, 1 fr. 50 cent.

Les Avant-Postes du maréchal de Saxe, comédie en un acte et en prose, mêlée de vaudevilles, par Moreau et Dumolard, 1 fr. 25 cent.

M. Lamentin, ou la Manie de se plaindre, comédie en un acte et en vers, par Dorvo, 1 fr.

Bon Naturel et Vanité, ou la Petite Ecole des Femmes, comédie en un acte et en vers, par Dumolard, 1 fr. 20 c.

Le Jeune Médecin, ou l'Influence des Perruques, comédie en un acte et en prose, par Picard, 1 f.

L'Ami de tout le monde, comédie en deux actes et en prose, par le même, 1 fr.

Le Mariage des Grenadiers, ou l'Auberge de Munich, comédie en un acte et en prose, par le même, 1 fr.

Les Ricochets, comédie en un acte et en prose, par le même, 1 fr.

L'Opinion du Parterre, ou Revue des Théâtres, septième année, 1810, 2 francs. Les six premières années se vendent chacune 2 fr.

On trouve chez le même libraire une collection nombreuse de costumes d'acteurs de tous les Théâtres de Paris, en différens rôles; ces gravures coloriées sont de grandeur à être mises à la tête des pièces, et se vendent 30 centimes chacune.